Inhaltsverzeichnis

Vorwort

Liebe Lehrer*innen,

der Sachunterricht ist für mich eines der schönsten Fächer überhaupt. In kaum einem anderen Fach sind wir noch so sehr mit der Natur verbunden wie in ebendiesem.

Da das Fach aber auch eine große Vorbereitungszeit in Anspruch nimmt, habe ich mir etwas ganz Besonderes für Sie ausgedacht:
In diesem Buch finden Sie 25 Stunden, die Sie fast ohne Vorbereitungszeit sofort durchführen können. Sehen Sie mir an dieser Stelle bitte nach, dass dies nicht auf alle Stunden zutreffen kann. Für einige Stunden benötigen Sie das ein oder andere Material, da mir ein ganzheitlicher Ansatz immer sehr am Herzen liegt. Sie werden dafür mit leuchtenden Kinderaugen belohnt.

Die Stunden sind sowohl für Klasse 1 als auch für Klasse 2 konzipiert. Da vor allem in der Eingangsphase keine ausreichende Lesekompetenz vorhanden ist, finden Sie dort, wo es mir nötig erschien, stets Differenzierungsvorschläge, sodass Sie die Stunde auch getrost zu Beginn der ersten Klasse durchführen können.

Bei der Auswahl der Themen habe ich mich bemüht, den unterschiedlichen Lehrplänen der einzelnen Bundesländer gerecht zu werden, und mich für folgende Themen entschieden:

- Schulweg
- Mein Körper
- Zeiteinteilung
- Haustiere
- Bäume

Zu jedem Thema finden Sie fünf Unterrichtsstunden, die Sie unabhängig voneinander in beliebiger Reihenfolge durchführen können.

Jeder Stundenentwurf umfasst einen ausführlichen Verlaufsplan und die benötigten Materialien in Form von Arbeitsblättern sowie Bild-, Bastel- und diverse andere Vorlagen. Einige farbige Bildvorlagen finden Sie am Ende des Buches; bei den jeweiligen Entwürfen wird hierauf verwiesen.

Bei der Auswahl der Methoden habe ich darauf geachtet, Ihnen und Ihrer Klasse möglichst viel Abwechslung und einen ganzheitlichen sowie spielerischen Ansatz zu bieten. Da es sich hier um Ideen für die erste und zweite Klasse handelt, sind alle Themen so aufbereitet, dass die Kinder zwar einen größtmöglichen Lernzuwachs erhalten, jedoch nicht mit Informationen überfrachtet werden.
So lernen sie beispielsweise im Kapitel „Bäume" ausgewählte Bäume kennen, führen einen Versuch durch und unternehmen einen Unterrichtsgang, ohne dabei zu sehr ins Detail zu gehen.

Das gemeinsame Lernen soll Ihnen und den Kindern Freude bereiten und dabei nicht als reine Wissensanhäufung geschehen. Doch sehen Sie selbst, ob ich Ihren Geschmack getroffen habe …

Über ein Feedback Ihrerseits an redaktion@verlagruhr.de würde ich mich sehr freuen!

In herzlicher Verbundenheit

Ihre Aline Kurt

Der Verlag an der Ruhr legt großen Wert auf eine geschlechtergerechte und inklusive Sprache. Daher nutzen wir das Gendersternchen, um sowohl männliche und weibliche als auch nichtbinäre Geschlechtsidentitäten einzuschließen. Alternativ verwenden wir neutrale Formulierungen. In Texten für Schüler*innen finden sich aus didaktischen Gründen neutrale Begriffe bzw. Doppelformen.

25 x Sachunterricht für 45 Minuten

Aline Kurt

Fertige Stunden: Bäume, Haustiere, Körper, Schulweg, Zeiteinteilung

Impressum

Titel
25 x Sachunterricht für 45 Minuten – Klasse 1/2
Fertige Stunden: Bäume, Haustiere, Körper, Schulweg, Zeiteinteilung

Autorin
Aline Kurt

Titelbildmotive
Bäume: © Norineko, Schulweg: © Señorita Kikiosa, Mädchen: © GStudio Group, Tiere: © worldofvector, Wecker: © stas111 – alle stock.adobe.com
Uhr-Icon, Notizzettel: © Verlag an der Ruhr

Illustrationen
soweit nicht anders angegeben: © Dorothee Wolters

Satz und Layout
Melanie Reich, ideenreich

Druck
AZ Druck und Datentechnik GmbH, Kempten, DE

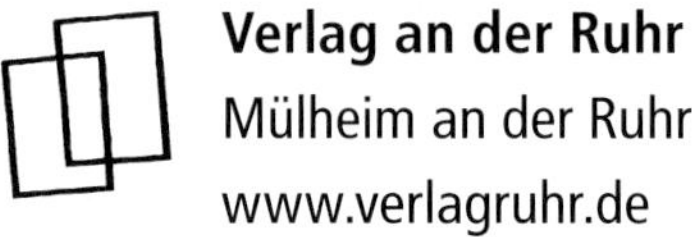

Geeignet für die Klassen 1–2

ISBN 978-3-8346-4276-9

Schulweg

1. Mein Weg zur Schule

Darum geht's

Viele Kinder bestreiten den täglichen Schulweg, je nach räumlicher Distanz zur Bushaltestelle oder zu Fuß, ganz allein. Doch wie sieht der Weg zur Schule aus? Wo gehen die Kinder entlang? All dies finden Sie gemeinsam mit Ihrer Klasse in der folgenden Unterrichtsstunde heraus.

Den Einstieg bildet ein kleiner Parcours, bei dem die Kinder nicht nur die Richtungsangaben trainieren, sondern auch gleich ihre Orientierungsfähigkeit im Raum. Anschließend betrachten sie gemeinsam einen fiktiven Schulweg, bevor die Schüler*innen ihren eigenen Weg zur Schule, grob vereinfacht, darstellen.

Kompetenzerwartungen

Die Kinder …

- kennen Richtungsangaben und können diese anwenden.
- können einen Weg beschreiben.

Materialliste

- Kreide oder Malerkrepp
- Tuch zum Verbinden der Augen für jede 2er-Gruppe
- Kopiervorlage „Neles Schulweg" (S. 8)
- Kopierpapier (DIN A3)

Für jedes Kind:

- Sitzkissen
- Blatt Papier
- Buntstifte

Das bereiten Sie vor

Bereiten Sie auf dem Schulhof einen kleinen Parcours vor, indem Sie eine Art Straßennetz mit Kreide aufzeichnen. Denken Sie bitte daran, eine Start- und Ziellinie zu markieren. In Ihrem Parcours sollten möglichst viele Richtungswechsel vorhanden sein, sodass die Kinder die Richtungsangaben „rechts", „links" und „geradeaus" mehrmals anwenden können. Im Folgenden finden Sie dazu einen Vorschlag:

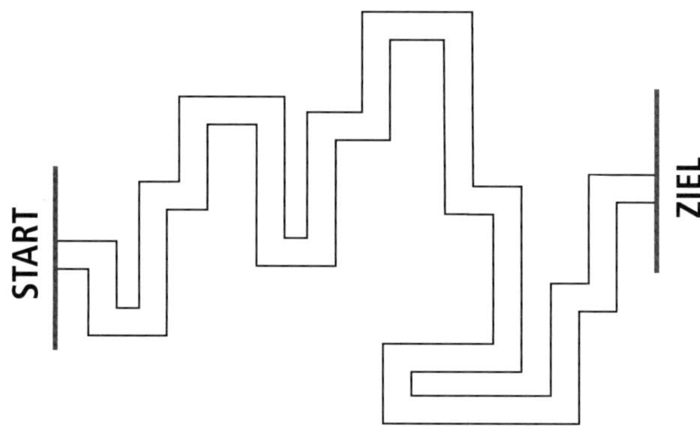

Kopieren Sie außerdem die Kopiervorlage „Neles Schulweg" auf DIN A3 vergrößert.

Sie haben keine Möglichkeit, den Schulhof zu nutzen, oder die Witterungsbedingungen lassen es nicht zu? Kein Problem! Markieren Sie die Strecken einfach mit Malerkrepp im Klassenraum.

Stundenverlauf

Einstieg

Führen Sie die Kinder auf den vorbereiteten Schulhof. Zeigen Sie ihnen dort den aufgemalten Weg.

Bitten Sie jedes Kind, ein Partnerkind auszuwählen. Die Wahl sollte unbedingt den Kindern überlassen werden, da die folgende Übung ein gewisses Maß an gegenseitiger Vertrautheit voraussetzt.

Sobald die Paare feststehen, erhält jedes Team ein Tuch. Einem der beiden Kinder werden damit die Augen verbunden. Nun stellen sich die Paare an der Ziellinie auf. Das vordere Paar beginnt, indem das sehende Kind seinem „blinden" Partnerkind den Weg ins Ziel nennt. Hierbei nutzt es Beschreibungen, wie „Gehe geradeaus!",

1. Mein Weg zur Schule

„Biege jetzt nach rechts ab!" usw. Da dies erfahrungsgemäß gar nicht so einfach ist, wenn man kurzerhand des Sehsinnes beraubt wird, sollte das sehende Kind sein Partnerkind dabei leicht am Arm fassen.

Sobald das erste Team die Hälfte des Wegenetzes durchlaufen hat, kann bereits das zweite Team starten.

Ist noch genügend Zeit übrig, so können die Rollen getauscht werden, sodass alle einmal die Möglichkeit erhalten, den Parcours blind zu durchlaufen.

TIPP

Auch wenn das ein oder andere Kind die Richtungsangaben durcheinanderbringt und sein Partnerkind bittet, rechts zu laufen, obwohl es nach links gehen müsste, greifen Sie bitte nicht ein. Hier wird zu Beginn der Arbeitsphase noch einmal gesondert darauf eingegangen.

Arbeitsphase
Zurück im Klassenzimmer angekommen, bilden Sie mit den Kindern einen Sitzkreis. Besprechen Sie hier zunächst noch einmal die Erfahrungen der kleinen Orientierungsübung. Die folgenden Fragen können Sie dabei unterstützen:

- *Wie war es für dich, deinem Partnerkind den Weg zu erklären? Ist dir das schwergefallen oder war es leicht für dich?*
- *Was glaubst du: Woran lag das?*
- *Wie hast du dich dabei gefühlt, als dein Partnerkind dir den Weg genannt hat?*
- *Welche Richtungen gab es denn eigentlich alle bei dem Parcours?*
- *Was denkst du: Warum ist es wichtig, dass wir Wege auf diese Weise beschreiben können?*

Zeigen Sie den Kindern anschließend die vergrößerte Bildvorlage „Neles Schulweg". Während die Schüler*innen das Bild in Ruhe betrachten, erzählen Sie ihnen, dass es sich dabei um Neles Weg zur Schule handelt.

Beschreiben Sie diesen Weg gemeinsam mit den Kindern, um noch einmal die Richtungsangaben (links, rechts, geradeaus) zu trainieren. Geben Sie dabei möglichst vielen Schüler*innen die Gelegenheit, sich zu äußern.

Abschluss
Sobald die Kinder ihre Plätze wieder eingenommen haben, erhält jedes Kind ein Blatt Papier. Darauf malen die Kinder ihren Weg zur Schule. Je nach Länge des Schulweges können sie auch Teilaspekte, wie beispielsweise ihren Weg zum Bus, zeichnen.

Geben Sie abschließend möglichst vielen Kindern die Gelegenheit, ihren Schulwegplan im Plenum vorzustellen. Jeweils ein anderes Kind darf dann den Weg verbalisieren: „Du überquerst die Straße an deinem Haus. Anschließend gehst du nach links …"

Differenzierung für Leser*innen

Wenn der Schriftspracherwerb Ihrer Schüler*innen bereits abgeschlossen ist, können die Kinder den letzten Teil der Abschlussphase auch schriftlich durchführen. Dazu werden die Zeichnungen mit dem Nachbarkind getauscht. Alle schreiben dann als Hausaufgabe eine kleine Wegbeschreibung des Schulwegs.

Neles Schulweg

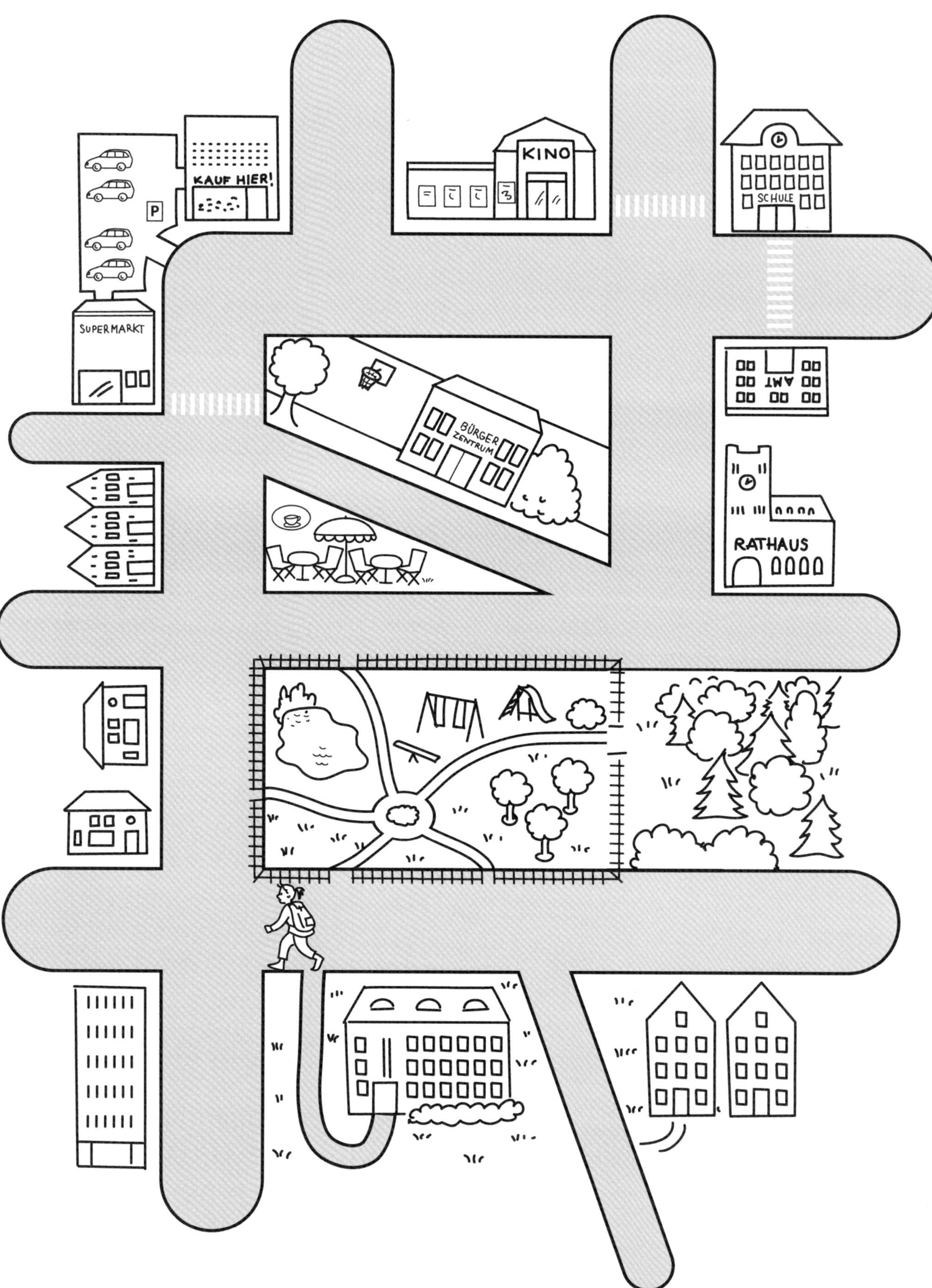

2. Mit dem Bus fahren

Darum geht's

Vor allem im ländlichen Bereich und in Großstädten ist es nicht immer möglich, dass die Kinder den Schulweg zu Fuß bewältigen. Viele Kinder sind auf die Verwendung von Schulbussen angewiesen. Doch wie verhält man sich an der Bushaltestelle und im Bus eigentlich richtig? Hier möchte die folgende Unterrichtsstunde Hilfestellung geben. Zur Einstimmung hören die Kinder eine Geschichte, bevor sie mithilfe eines Arbeitsblattes und kleiner Rollenspiele ihr Wissen festigen.

Kompetenzerwartungen

Die Kinder …

- kennen Verhaltensregeln an der Bushaltestelle.
- wissen, was sie während der Busfahrt beachten müssen.

Materialliste

- Arbeitsblatt „Wir fahren mit dem Bus" (S. 11)
- Kopierfolie
- OHP, Dokumentenkamera o. Ä.
- Stuhl

Für jedes Kind:

- Schere
- Kleber
- Buntstifte
- Sitzkissen für jedes Kind
- Notizzettel

Das bereiten Sie vor

Kopieren Sie das Arbeitsblatt „Wir fahren mit dem Bus" (S. 11) für jedes Kind. Falls Sie mit einem OHP arbeiten, ziehen Sie außerdem eine zusätzliche Kopie auf Folie.

Stundenverlauf

Einstieg

Lesen Sie den Kindern die Geschichte „Vasiles erste Busfahrt" vor.

Vasiles erste Busfahrt

Vasile ist neu in Deutschland und auch neu in der Schule. Um zu seinem ersten Schultag zu kommen, muss Vasile mit dem Schulbus fahren. Er ist mächtig aufgeregt. Wie gut, dass Mama dabei ist. Doch auch für Mama ist alles neu. Weder Mama noch Vasile sind bisher in ihrem Leben Bus gefahren. Da ist es klar, dass beide nichts falsch machen wollen. Vorsichtshalber fragt Vasile mal bei den anderen Kindern, ob sie auch an der richtigen Haltestelle stehen. Als die Kinder nicken, ist Vasile schon etwas beruhigter und taucht wieder in seine eigene Welt ein. Diese Welt ist ganz allein in Vasiles Kopf. Dort fühlt er sich besonders wohl.

Plötzlich spürt Vasile eine Hand an seinem Arm, die ihn fest umklammert. Als Vasile hochschaut, sieht er geradewegs in die braunen Augen eines anderen Mädchens. „Hey, an der Bushaltestelle musst du aufpassen. Du kannst hier nicht träumen. Schau doch mal, da vorn kommt der Bus. Da darfst du nicht so nahe am Bordstein stehen", erklärt das Mädchen.

Obwohl Vasile nicht jedes Wort verstanden hat, wird ihm schnell klar, dass das Mädchen ihn gerade beschützt hat. Von ihr kann er bestimmt alles über das Busfahren lernen. „Kannst du mir helfen?", will Vasile daher wissen.

Das Mädchen lächelt ihn an. „Na, klar, ich fahre schon ganz lange mit dem Bus. Komm, ich zeig dir, wie es geht", meint das fremde Mädchen und nimmt Vasiles Hand.

Mama lächelt. Sie weiß, dass Vasile sie jetzt nicht mehr braucht. Seine neue Freundin wird ihm alles über das Busfahren beibringen.

2. Mit dem Bus fahren

Erarbeiten Sie anschließend gemeinsam das richtige Verhalten an der Bushaltestelle und im Schulbus. Stellen Sie dazu einen Stuhl mit Blickrichtung zu den Kindern auf. Wer mag, darf hier auf freiwilliger Basis Platz nehmen und mental in die Rolle des Mädchens aus der Geschichte schlüpfen. Dieses Expertenkind beantwortet nun alle Fragen der Kinder zum Thema „Busfahren", wie beispielsweise:

- *Worauf muss ich beim Einsteigen achten?*
- *Wie verhalte ich mich während der Busfahrt?*

Achten Sie darauf, diese Position zwischendurch neu zu besetzen, damit möglichst viele Expert*innen zu Wort kommen.
Fassen Sie anschließend noch einmal alle Verhaltensregeln kurz mündlich zusammen.

Der folgende Überblick soll Ihnen dabei helfen:

- An der Haltestelle schaue ich, ob ich an der richtigen Nummer stehe.
- Ich halte ausreichend Abstand zur Bordsteinkante.
- Ich warte ruhig und tobe und spiele nicht.
- Ich warte, bis der*die Busfahrer*in die Tür ganz geöffnet hat.
- Ich lasse zuerst andere Leute aussteigen.
- Ich steige ein, ohne zu drängeln, und zeige dem* der Busfahrer*in meine Karte.
- Wenn ich noch keine Busfahrkarte habe, kann ich sie beim Busfahrer bzw. bei der Busfahrerin kaufen.
- Im Bus suche ich mir einen Sitzplatz.
- Dort setze ich mich hin. Meine Schultasche stelle ich unter meinen Sitz.
- Wenn kein Sitzplatz frei ist, bleibe ich stehen und halte mich gut fest.
- Während der Fahrt bleibe ich ruhig sitzen.
- Ich bemühe mich, andere Fahrgäste nicht zu stören.
- Wenn ich Abfall habe, werfe ich ihn in den Mülleimer im Bus.
- Wenn ich aussteigen möchte, drücke ich den Knopf.
- Ich warte beim Aussteigen, bis sich die Tür ganz öffnet. Dann steige ich vorsichtig aus. Dabei achte ich auf Menschen, die zu Fuß unterwegs sind, und Radfahrende.

Arbeitsphase

Teilen Sie den Kindern das Arbeitsblatt sowie Scheren und Kleber aus. Lesen Sie den Nicht-Leser*innen die Aufgabenstellung vor. Hier reicht es, wenn die Kinder die richtigen Bilder aufkleben und die falschen Darstellungen durch eigenes Bildmaterial ersetzen. Die Leser*innen hingegen schreiben zu jedem Bild (den mitgelieferten sowie den selbst gemalten Bildern) einen passenden Satz.

Abschluss

Vergleichen Sie zunächst kurz die Arbeitsergebnisse im Plenum. Legen Sie dazu die vorbereitete Folie auf. Gehen Sie die Bilder gemeinsam durch. Die Kinder dürfen nun erzählen, welche Verhaltensweisen richtig bzw. falsch sind, und ihre Antworten begründen.

Führen Sie zum Abschluss ein gemeinsames Rollenspiel durch. Räumen Sie dazu ggf. etwas Platz im Klassenzimmer frei. Legen Sie dort die Sitzkissen so aus, dass sie die Sitzplätze im Bus symbolisieren. Legen Sie gemeinsam fest, wer Busfahrer*in sein darf. Die anderen Kinder üben nun die Verhaltensweisen am und im Bus. Dazu erhält jede*r einen Notizzettel, der als Fahrkarte fungiert. Die Kinder stellen nun im freien Spiel die richtigen Verhaltensweisen dar. Lassen Sie ihnen dabei möglichst freie Hand. Sie werden überrascht sein, wie kreativ Ihre Klasse das Rollenspiel umsetzt.

Da nicht alle Kinder mit dem Bus zur Schule kommen, wäre es natürlich schön, wenn sie bei einer gemeinsamen Busfahrt ihr neues Wissen gleich auch einmal anwenden könnten.

Wir fahren mit dem Bus

1. **Schneide alle Bilder aus.**
   Klebe sie untereinander in dein Heft.
2. **Schaue dir die Bilder an. Wer verhält sich richtig, wer nicht?**
   Male neben die Bilder mit falschem Verhalten ein neues Bild, das das richtige Verhalten zeigt.
3. **Wenn du kannst, schreibe zu jedem Bild einen passenden Satz.**

 © Verlag an der Ruhr | Autorin: Aline Kurt | ISBN 978-3-8346-4276-9 | www.verlagruhr.de

3. Die richtige Kleidung im Straßenverkehr

Darum geht's

Vor allem im Anfangsunterricht bekommen viele Kinder die passende Kleidung für den Schulvormittag von den Eltern herausgelegt. Doch es gibt auch eine Vielzahl an Kindern, die sich selbstständig anziehen wollen bzw. eine geeignete Auswahl selbst treffen müssen. Doch woher sollen die Kinder wissen, welche Kleidung sich eignet? Hier setzt die folgende Stunde an, in der die Kinder auf spielerische Weise lernen, dass Kleidung nicht nur funktional, sondern auch gut sichtbar sein sollte. Zu Beginn der Stunde tauschen sie sich über ihr Vorwissen aus. Dies geschieht für die Leser*innen mittels der „Reporter-unterwegs-Methode". Die Nicht-Leser*innen führen den Einstieg im doppelten Sitzkreis durch. Anschließend basteln sie eine Puppe aus Pappe, die von den Kindern nach einem Plenumsgespräch, passend zu verschiedenen Szenarien, eingekleidet wird.

Kompetenzerwartungen

Die Kinder …

- wissen, dass Kleidung funktional sein sollte.
- können den Witterungsverhältnissen entsprechende Kleidung auswählen.
- wissen, dass die ausgewählte Kleidung im Straßenverkehr gut sichtbar sein sollte.

Materialliste

- Kopiervorlagen „Finn ist unterwegs" (S. 14/15)

Für jede*n Leser*in:

- Blatt Papier
- Schreibunterlage

Für jedes Kind:

- 2 Bögen Tonkarton (DIN A4)
- Klebestift
- Schere
- Buntstifte

Das bereiten Sie vor

Fertigen Sie für jedes Kind eine Kopie der 2-seitigen Vorlage „Finn ist unterwegs" an.

Stundenverlauf

Einstieg

Erzählen Sie den Kindern, dass sie sich heute mit dem Thema „Kleidung" beschäftigen wollen. Senden Sie dazu die Leser*innen, mit einer Schreibunterlage, Stift und Papier bewaffnet, als Reporter*innen im Klassenzimmer aus. Hier befragen sich die Kinder gegenseitig zu den folgenden Fragen, die Sie gut lesbar an der Tafel notieren:

- *Wie denkst du über Kleidung?*
- *Was ist dir daran wichtig?*
- *Warum hast du heute diese Kleidung an?*
- *Was glaubst du: Welche Kleidung ist für deinen Schulweg besonders gut geeignet?*

Die Antworten ihres Interviewpartnerkindes notieren sie dann auf ihrem Blatt Papier. Sobald sich das Paar gegenseitig interviewt hat, suchen sich beide ein neues Partnerkind. Verfahren Sie auf diese Weise, bis sich die Kinder mit jeweils drei anderen Kindern austauschen konnten.

Differenzierung für Nicht-Leser*innen

Bilden Sie gemeinsam mit den Kindern einen doppelten Sitzkreis, bei dem die Stühle im Innenkreis jeweils einem Stuhl im Außenkreis zugewandt sind. Bei ungerader Anzahl von Kindern stellen Sie im äußeren Kreis einen weiteren Stuhl auf. Die Kinder im Innenkreis erzählen ihrem Partnerkind, welche Kleidung für den Schulweg besonders geeignet ist. Das jeweilige Partnerkind im Außenkreis hört aufmerksam zu, bevor es seine Meinung äußert. Auf Ihr Zeichen hin rücken die Kinder im Außenkreis einen Platz weiter und tauschen sich mit dem neuen Partnerkind aus.

3. Die richtige Kleidung im Straßenverkehr

Die Kinder rotieren so lange, bis sie sich mit drei anderen Kindern ausgetauscht haben.

Wenn Ihnen das Arrangieren des doppelten Stuhlkreises zu umständlich ist, können Sie den Einstieg auch im Stehen durchführen lassen.

Arbeitsphase

Sobald alle Kinder ihre Plätze wieder eingenommen haben, erhalten Sie die beiden Kopiervorlagen „Finn ist unterwegs" sowie die benötigten Bastelmaterialien. Die Kinder kleben alle Vorlagen auf Pappe und schneiden diese aus. Anschließend malen sie die Kleidungsstücke so an, dass sie sich für den Schulweg besonders gut eignen. Überlegen Sie hier gemeinsam, welche Farbwahl geeignet ist (bunte, gut sichtbare Farben). Dabei helfen Ihnen die folgenden Fragen:

- *Welche Kleidungsstücke hast du ausgeschnitten?*
- *Was denkst du: Welche Farben sollte die Kleidung haben, damit auch Fahrzeuge und andere Fußgänger*innen dich gut sehen können?*
- *Warum denkst du, dass sich diese Farben gut eignen?*
- *Was braucht Finn an seinem Schulranzen und auch an der Kleidung, um im Dunkeln gut gesehen zu werden?*
- *Hast du auch Reflektoren an deinem Schulranzen?*

Natürlich darf auch Finn entsprechend den Vorstellungen eines jeden Kindes verschönert werden.

Abschluss

Zum Abschluss darf Finn dann endlich angezogen werden. Dazu kommen alle Kinder mit Finn und seiner Kleidung im Sitzkreis zusammen.
Lesen Sie den Schüler*innen hier die einzelnen Szenarien (s. u.) vor. Die Kinder kleiden ihren Finn entsprechend ein, indem sie die Kleidungsstücke durch das Umknicken der Laschen an Finn fixieren. Anschließend zeigen alle ihre Auswahl. Lassen Sie anschließend das ein oder andere Kind seine Auswahl begründen.

Erarbeiten Sie gemeinsam, dass die Kleidung für den Schulweg nicht nur dem Wetter angepasst sein muss, sondern auch auf gute Sichtbarkeit geachtet werden muss.

- *Heute Morgen ist es ziemlich kalt. Es ist auch noch recht dunkel draußen.*
- *Finn muss heute früher als sonst zur Schule.*
  Es ist noch dunkel draußen und es regnet.
- *Heute ist ein schöner Sommertag.*
  Es ist schon sehr warm. Die Sonne scheint.
- *Es ist schon hell draußen und es regnet.*
- *Es ist schon hell draußen, aber noch recht frisch.*

Sie haben noch etwas Zeit übrig? Prima, dann lassen Sie die Kinder doch eigene Szenarien entwerfen und ihren Finn gemeinsam im Plenum passend einkleiden.

Finn ist unterwegs (1/2)

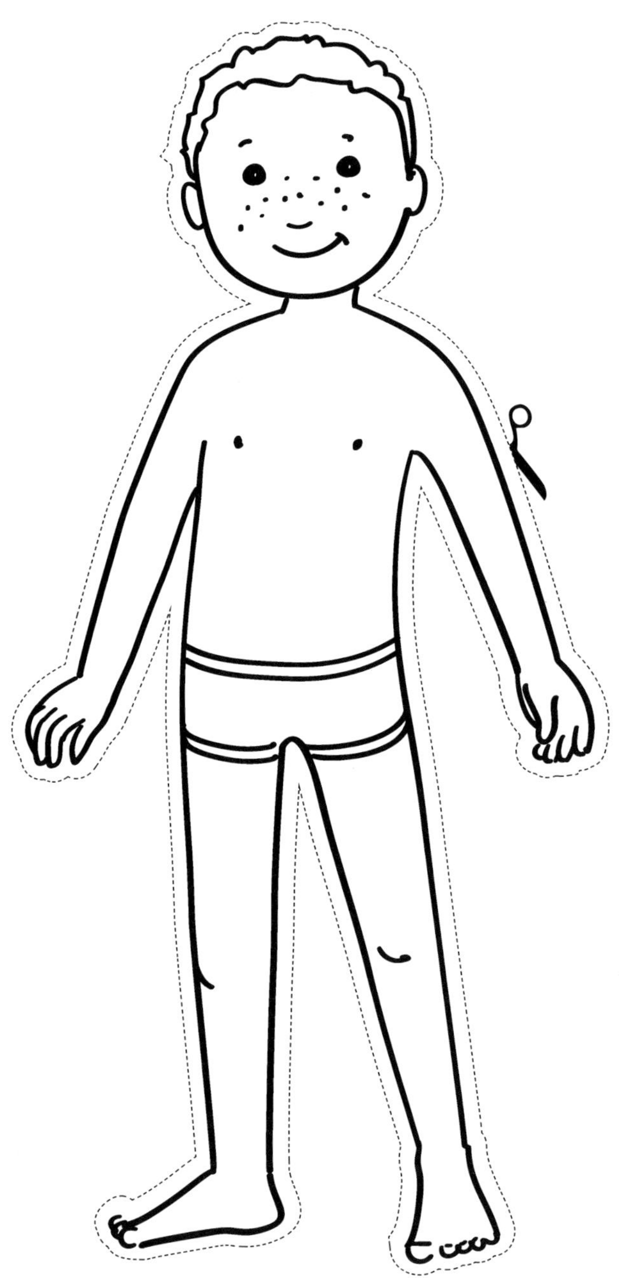

© Verlag an der Ruhr | Autorin: Aline Kurt | ISBN 978-3-8346-4276-9 | www.verlagruhr.de |
Illustration: © Dorothee Wolters

Finn ist unterwegs (2/2)

4. Die Straße sicher überqueren

Darum geht's

Die Kinder der Schuleingangsphase wirken heute oftmals schon recht reif auf uns. Dennoch kommen die Kinder im ersten Schuljahr gerade erst aus dem Kindergarten. Auch wenn sie hier schon in der ein oder anderen Einrichtung im Thema „Verkehrssicherheit" geschult wurden, ist es dennoch unerlässlich, noch einmal das sichere Überqueren der Straße zu thematisieren.
Viele Kinder gehen hier recht unbedarft an das Thema heran, was viele Gefahren mit sich bringt. Lassen Sie uns deshalb gemeinsam dafür sorgen, dass die Kinder das richtige Verhalten an Gefahrenstellen auf spielerischer Ebene verinnerlichen. Dabei helfen Ihnen die mitgelieferten Vorlagen. Zum Einstieg betrachten die Schüler*innen eine Bildvorlage, die den Zugang zur Thematik erleichtert. Anschließend üben sie das sichere Überqueren mithilfe einer Kopiervorlage.

Kompetenzerwartungen

Die Kinder …

- kennen die Begriffe „Zebrastreifen" und „Fußgängerampel".
- wissen, wie sie sich an Zebrastreifen und Fußgängerampel richtig verhalten.
- wissen, wie sie auch ohne diese Hilfsmittel eine Straße sicher überqueren können.

Materialliste

- Folienvorlage „Zebrastreifen und Fußgängerampel" (S. 18)
- Kopiervorlage „Sicher über die Straße" (S. 19)
- 2 Kopierfolien
- OHP, Dokumentenkamera o. Ä.
- Blatt Papier
- grüner und roter Folienstift
- kleiner Notizzettel für jedes 2er-Team

Das bereiten Sie vor

Falls Sie mit einem OHP arbeiten, ziehen Sie die Vorlage „Zebrastreifen und Fußgängerampel" auf Folie.
Kopieren Sie die Vorlage „Sicher über die Straße" auf DIN A3 vergrößert für jedes 2er-Team.

Stundenverlauf

Einstieg

Erzählen Sie den Kindern, dass Sie sich heute mit dem sicheren Überqueren der Straße beschäftigen wollen, denn schließlich müssen wir ab und an auch mal eine Straßenseite wechseln. Legen Sie dazu die vorbereitete Folie auf. Decken Sie die Fußgängerampel zunächst mit einem Blatt Papier ab, sodass sich die Kinder nur auf ein Bild konzentrieren müssen. Lassen Sie ihnen dazu zunächst ausreichend Zeit, bevor Sie das Bild anhand der folgenden Fragen besprechen:

- *Was siehst du hier?*
- *Wofür brauchen wir einen Zebrastreifen?*
- *Hast du schon einmal einen Zebrastreifen überquert? Wie hast du das gemacht?*
- *Kannst du uns zeigen, wie man sich am Zebrastreifen richtig verhält? (Arm ausstrecken; nach links/rechts/links schauen)*

Decken Sie anschließend den Zebrastreifen ab. Zeigen Sie den Kindern nun das zweite Bild. Auch hier dürfen die Schüler*innen das Bild zunächst betrachten, bevor Sie es mithilfe der folgenden Fragen besprechen:

- *Was siehst du auf diesem Bild?*
- *Hast du so eine Ampel schon einmal gesehen?*
- *In welchen Farben kann ich die Ampel jetzt ausmalen?*
- *Was machst du, wenn das rote Licht hier oben leuchtet?*
- *Es gibt Fußgängerampeln, die nicht von selbst die Farben wechseln. Was musst du an diesen Ampeln machen? (einen speziellen Knopf drücken)*
- *Wann darfst du die Straße überqueren?*

4. Die Straße sicher überqueren

Machen Sie die Kinder anschließend darauf aufmerksam, dass nicht immer ein Zebrastreifen oder eine Fußgängerampel zur Verfügung stehen. Überlegen Sie gemeinsam, wie man die Straße dennoch sicher überqueren kann (z. B. an möglichst freien Stellen die Straße überqueren; nicht zwischen geparkten Autos hindurchgehen; links, rechts, links schauen …).

Arbeitsphase

Teilen Sie jedem 2er-Team die vergrößerte Vorlage „Sicher über die Straße" und einen Notizzettel aus.
Jedes Team malt hier zunächst die Fußgängerampeln in den richtigen Farben aus. Anschließend spielen die Kinder zu zweit das richtige Überqueren der Straße nach: Ein Kind nimmt ein Radiergummi oder einen Stift, mit dem es sich auf der Straße „bewegt". Es verbalisiert währenddessen sein Verhalten (z. B. „Bevor ich die Straße überquere, schaue ich nach links, rechts, links.").
Das andere Kind kontrolliert und betätigt die Ampeln. Hierzu deckt es mit einem Notizzettel immer das rote oder das grüne Licht ab. Das andere Kind muss sich entsprechend verhalten und z. B. an einer roten Ampel erst einmal warten.
Lassen Sie den Schüler*innen hier möglichst viel Zeit zum spielerischen Lernen und sorgen Sie dafür, dass nach einer gewissen Zeit die Rollen getauscht werden.

Abschluss

Kommen Sie zum Abschluss im Sitzkreis zusammen. Legen Sie eine der vergrößerten Vorlagen in die Kreismitte. Lassen Sie die Kinder hier das richtige Überqueren der Straße am Zebrastreifen, der Ampel und ohne Hilfsmittel noch einmal auf freiwilliger Basis kurz vorstellen, indem sie es mit Zeige- und Mittelfinger andeuten und ihre Handlungen verbalisieren.
Wer mag, darf abschließend noch von seinen Erlebnissen beim echten Überqueren von Straßen berichten.

Erweiterung für Leser*innen

Die Leser*innen können zusätzlich das richtige Überqueren der Straße auf der Vorlage stichpunktartig notieren.

Folienvorlage

Zebrasteifen und Fußgängerampel (1/2)

© Verlag an der Ruhr | Autorin: Aline Kurt | ISBN 978-3-8346-4276-9 | www.verlagruhr.de | Illustration: © Dorothee Wolters

Folienvorlage

Zebrasteifen und Fußgängerampel (2/2)

© Verlag an der Ruhr | Autorin: Aline Kurt | ISBN 978-3-8346-4276-9 | www.verlagruhr.de | Illustration: © Dorothee Wolters

Sicher über die Straße

© Verlag an der Ruhr | Autorin: Aline Kurt | ISBN 978-3-8346-4276-9 | www.verlagruhr.de |
Illustration: © Dorothee Wolters

Schilderwald

Darum geht's

In dieser Stunde dreht sich alles um Verkehrszeichen. Da dieses Thema in einigen Bundesländern bereits für die Schuleingangsphase vorgesehen ist, habe ich es an dieser Stelle aufgegriffen, mich dabei jedoch auf die wichtigsten Verkehrszeichen für den Fußgängerverkehr beschränkt, um die Kinder nicht zu überfordern.
Das Thema wird hier möglichst spielerisch mithilfe eines kleinen Parcours und eines Kartenspiels vermittelt.

Kompetenzerwartungen

Die Kinder …

- kennen relevante Verkehrszeichen und Piktogramme für Fußgänger*innen.
- wissen, wie sie sich an diesen Schildern zu verhalten haben.

Materialliste

- Bildvorlage „So viele Zeichen" (S. 102/103)
  Achtung, diese **farbigen Bildvorlagen** finden Sie hinten in diesem Buch!
- 2 Bögen Kopierpapier (DIN A3)
- Sitzkissen für jedes Kind
- Schere für jede 2er-Gruppe

Das bereiten Sie vor

Kopieren Sie die farbigen Bildvorlagen (zu finden hinten in diesem Buch auf S. 102/103) auf DIN A3 vergrößert. Schneiden Sie anschließend die einzelnen Bilder aus. Fertigen Sie für jede 2er-Gruppe außerdem einen doppelten Satz der Bildvorlagen in normaler Größe an. Räumen Sie ausreichend Platz im Klassenraum frei, indem Sie die Stühle und Tische zur Seite schieben.

Alternativ können Sie die Stunde auch auf dem Schulhof oder im Turnraum durchführen. Denken Sie hier nur bitte daran, die benötigten Scheren mitzuführen. Dazu eignet sich am besten eine Tragetasche oder ein Korb, um die Verletzungsgefahr zu minimieren.

Stundenverlauf

Einstieg

Kommen Sie mit den Kindern im Sitzkreis zusammen. Erzählen Sie ihnen, dass sie gewiss schon einmal verschiedene Schilder auf dem Weg zur Schule entdeckt haben und dass Sie sich heute nun gemeinsam mit einigen dieser Schilder vertraut machen möchten.

Zeigen Sie den Schüler*innen nacheinander die einzelnen Verkehrszeichen und besprechen Sie die Bedeutung:

- *Wie sieht dieses Schild aus?*
- *Hast du das schon einmal gesehen?*
- *Weißt du, was das Schild bedeutet?*

Nennen Sie den Kindern zu jedem Schild auch kurz die Bedeutung. Im Folgenden finden Sie dazu eine kleine Übersicht:

Dieses Schild zeigt dir, dass du an einem Bahnübergang stehst, an dem Züge fahren können. Hier musst du ganz besonders gut aufpassen. An einem Bahnübergang gibt es meistens eine Ampel. Wenn Sie Rot anzeigt, darfst du nicht weitergehen, bis der Zug vorbeigefahren ist und die Ampel wieder grün ist.

5. Schilderwald

Dieses Schild zeigt dir, dass hier ein Zebrastreifen ist, an dem du die Straße überqueren kannst. Das Schild heißt „Fußgängerüberweg".

Hier siehst du zwei Menschen, die zu Fuß gehen. Dieses Schild steht an Wegen, die Fußgängerinnen und Fußgänger benutzen müssen. Hier dürfen keine Fahrräder und Autos fahren. Das Schild steht nur dort, wo es wichtig ist, klarzumachen, dass nur Fußgängerinnen und Fußgänger den Weg benutzen dürfen. Auf normalen Gehwegen siehst du das Schild deshalb nicht.

Dieses Schild, auf dem ein Rad ist, zeigt an, dass hier ein Weg für Radfahrende ist. Sie müssen diesen Weg benutzen. Andere Fahrzeuge oder Fußgängerinnen und Fußgänger dürfen hier nicht entlanggehen.

Auf diesem Schild sind zwei Menschen, die zu Fuß gehen, und ein Rad abgebildet. Siehst du solch ein Schild, dann kannst du auf diesem Weg laufen, musst aber auf Fahrradfahrerinnen und -fahrer achten, die denselben Weg benutzen. Das Schild zeigt dir also einen gemeinsamen Geh- und Radweg an.

Auch die Wege, an denen dieses Schild steht, teilen sich Fußgängerinnen, Fußgänger und Radfahrende. Allerdings hat hier jede Gruppe einen getrennten Bereich. Die Fußgängerinnen und Fußgänger laufen links und die Fahrräder fahren auf der rechten Wegseite. Deshalb spricht man hier von einem getrennten Geh- und Radweg.

Dieses Schild zeigt dir, dass du in eine Sackgasse läufst. Der Weg geht hier nicht weiter.

5. Schilderwald

Wenn du dieses Schild siehst, musst du gut aufpassen. Es heißt: „Achtung! Bauarbeiten". Hier werden irgendwo Bauarbeiten an der Straße oder an einem Haus durchgeführt. Achte genau darauf, wo du hinläufst.

Dieses Schild zeigt dir, dass du an einer Bushaltestelle bist. Pass gut auf, wenn Busse ankommen oder abfahren, weil sie dabei ausschwenken können.

Sollten die Kinder noch Verständnisfragen zu den einzelnen Schildern haben oder noch eigene Anmerkungen machen wollen, geben Sie ihnen zunächst die Gelegenheit dazu.

Arbeitsphase

Legen Sie die Schilder in ausreichend Abstand zueinander auf dem Boden aus. Führen Sie die Kinder durch den Schilderwald und üben Sie an jedem Schild das richtige Verhalten ein. Bitten Sie dazu zunächst die Schüler*innen, dieses auf freiwilliger Basis vorzumachen, bevor es alle imitieren. Die folgenden Fragen wirken dabei unterstützend:

- *Weißt du noch, was das für ein Schild ist?*
- *Was sagt dir dieses Schild?*
- *Wie musst du dich verhalten, wenn du das Schild siehst?*

Teilen Sie die Kinder anschließend in 2er-Gruppen ein. Jedes Team durchläuft nun noch einmal gemeinsam den Schilderwald.

Abschluss

Behalten Sie die Paarbildung bei. Jedes Team nimmt nun an einem Tisch Platz. Dort erhalten die Schüler*innen zwei Exemplare der Kopiervorlage. Die Kinder schneiden die Karten aus und mischen diese. Anschließend spielen sie nach den Regeln des bekannten Spiels „Memory" mit den Karten. Wer ein Pärchen aufdeckt, muss jedoch das Schild korrekt benennen, bevor er beide Karten an sich nehmen darf. Gewonnen hat, wer zum Schluss die meisten Pärchen besitzt.

Besonders schön ist es, wenn die Kinder in einer Folgestunde die Verkehrszeichen auch einmal hautnah erleben dürfen und dabei auch noch andere Schilder kennenlernen. Bei einem gemeinsamen Ausflug in der näheren Schulumgebung können Sie gemeinsam auf Entdeckungstour gehen, die Zeichen sichten und evtl. auch dokumentieren.

Mein Körper

6. So sieht mein Körper aus

Darum geht's

Das konkrete Benennen der einzelnen Körperteile ist von enormem Wert, da nur so ein Bewusstsein für den eigenen Körper entstehen kann. Ist den Schüler*innen bewusst, was alles zum Körper gehört, so kann langfristig auch eine intensive Beziehung zum eigenen Körper entstehen, was eine gewisse Wertschätzung und einen nachhaltigen sowie respektvollen Umgang mit dem eigenen Körper nach sich zieht. Dafür möchte die folgende Unterrichtsstunde einen Grundstein legen.
Den Einstieg bildet hier ein Bewegungsspiel, bei dem einzelne Körperteile benannt und berührt werden. Anschließend malen die Kinder ihren Körperumriss in Originalgröße und zeichnen hier verschiedene Merkmale ein.

Kompetenzerwartungen

Die Kinder …

- kennen verschiedene Körperteile und können diese benennen.
- sind sich bewusst, dass jede*r einen individuellen Körper hat.

Materialliste

Für jedes Kind:

- großer Tapetenrest
- Wachsmalstifte
- Spiegel (am besten selbst von den Kindern mitzubringen)

Das bereiten Sie vor

Räumen Sie ausreichend Platz im Klassenzimmer frei, sodass hier jedes Kind ein Stück Tapete in seiner Größe ausbreiten kann.

Sie haben nicht genügend Platz oder können nicht genug Tapete auftreiben? Alternativ können Sie die Arbeitsphase auch in 2er-Teams durchführen lassen. In dem Fall zeichnen die Kinder dann nicht sich selbst, sondern einen nicht näher bestimmten Menschen.

Stundenverlauf

Einstieg

Stellen Sie sich mit den Kindern in einem großen Kreis auf. Erzählen Sie den Schüler*innen, dass sie sich heute mit dem Thema „Körper" beschäftigen möchten. Gehen Sie dazu zunächst die offensichtlichen Körperteile, wie Kopf, Hals, Arme, Hände, Bauch, Beine und Füße, durch. Lassen Sie die Kinder diese an sich selbst zeigen. Anschließend spielen Sie gemeinsam ein kleines Bewegungsspiel. Dazu nennen Sie einen der oben aufgeführten Begriffe. Wer dieses eigene Körperteil zuletzt oder falsch berührt, muss ausscheiden. Führen Sie hier einige Runden durch, bis nur noch wenige Schüler*innen übrig sind.

Arbeitsphase

Bitten Sie die Kinder, ein Partnerkind auszuwählen. Der Aspekt der Freiwilligkeit sollte hier unbedingt gewahrt werden, da sich die Kinder während der Arbeitsphase zwangsläufig berühren, was nicht jedes Kind als angenehm empfindet. Bei vertrauten Menschen hingegen fällt dies oftmals leichter.
Jedes Team erhält nun zwei Bögen Tapetenreste und Wachsmalstifte. Nacheinander legen sich die Kinder auf ihre Tapetenbahn, die sie auf dem Boden ausbreiten. Das Partnerkind fährt die Körperumrisse mit einem Wachsmalstift nach. Damit dies gut gelingt, muss das liegende Kind die Arme und Beine etwas vom Körper abspreizen. Sobald jedes Team beide Körperumrisse auf diese Weise fertiggestellt hat, erhält jedes Kind einen Spiegel.

6. So sieht mein Körper aus

Die Kinder betrachten sich darin und zeichnen weitere Körperteile, wie Nase, Ohren, Mund, Augen und Haare, ein.
Zum Schluss schreibt jedes Kind seinen Namen gut lesbar unter die Zeichnung.

Differenzierung für Leser*innen

Die Leser*innen beschriften ihre Zeichnung zusätzlich mit dem Namen des jeweiligen Körperteils.

Abschluss
Arrangieren Sie aus den Zeichnungen eine Ausstellung im Klassenraum, indem sie diese gut sichtbar auslegen. Betrachten Sie die Zeichnungen gemeinsam mit den Kindern und besprechen Sie diese. Die folgenden Fragen wirken dabei unterstützend:

- *Welche Körperteile siehst du auf den Bildern? Weißt du noch, wie sie heißen?*
- *Was kannst du mit deinen Füßen/Beinen/Armen/ Händen machen?*
- *Kennst du noch andere Körperteile, die wir auf den Bildern nicht sehen können?*
- *Was weißt du darüber?*
- *Warum sieht nicht jedes unserer Bilder gleich aus?*
- *Was gefällt dir an deinem Bild bzw. deinem Körper am besten?*
- *Warum magst du das am liebsten?*

Achten Sie zum Schluss bitte darauf, dass jedem Kind seine Individualität bewusst wird. Auch wenn wir, gesellschaftlich bedingt, vielleicht das ein oder andere Merkmal unseres Körpers, wie Sommersprossen oder zu dicke bzw. zu dünne Beine, nicht mögen, ist es dennoch ein wichtiger Teil von uns. Unser Körper ist einzigartig.

Erweiterung für Leser*innen

Die Leser*innen können in Kleingruppen ein Zuordnungsspiel herstellen. Dazu malen sie auf eine Karteikarte ein Körperteil, wie beispielsweise eine Nase. Auf eine zweite Karte schreiben sie den passenden Begriff. Sobald alle Körperteile gezeichnet bzw. notiert sind, spielen die Kinder damit innerhalb ihrer Gruppe Memo.

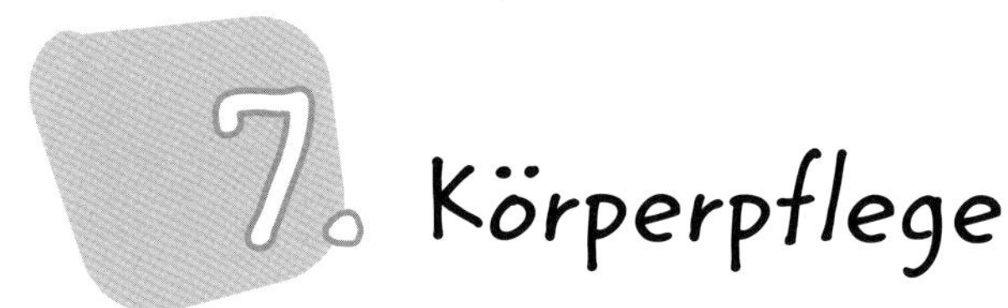

7. Körperpflege

Darum geht's

In dieser Stunde dreht sich alles um die Pflege des eigenen Körpers. Die Kinder lernen, warum und vor allem auch wie sie ihren Körper reinigen und pflegen können. Zum Einstiegsgespräch betrachten die Kinder mitgebrachte Pflegeprodukte und überlegen gemeinsam, wofür diese genutzt werden. Anschließen bearbeiten sie ein Arbeitsblatt, das sie abschließend gemeinsam im Plenum besprechen.

Kompetenzerwartungen

Die Kinder …

- wissen um die Bedeutung der Körperhygiene.
- kennen die zu pflegenden Körperteile.
- wissen, wie sie ihren Körper reinigen und pflegen können.

Materialliste

- Shampoo
- Duschgel
- Seife
- Haarbürste
- Waschlappen
- Handtuch
- Zahnbürste
- Zahnpasta
- Wattestäbchen
- Creme
- Arbeitsblatt „So pflege ich mich" (S. 27)

<u>Für jedes Kind:</u>

- Sitzkissen
- Schere
- Klebestift
- Buntstifte

Sie können die Pflegeprodukte auch im Vorfeld von den Kindern mitbringen lassen.

Das bereiten Sie vor

Kopieren Sie das Arbeitsblatt für jedes Kind. Arrangieren Sie aus den Kissen einen Sitzkreis.

Stundenverlauf

Einstieg

Nehmen Sie mit den Kindern im Sitzkreis Platz. Legen Sie die Pflegeprodukte gut sichtbar in die Kreismitte. Geben Sie den Schüler*innen zunächst die Gelegenheit, diese zu betrachten, bevor Sie die folgenden Fragen für ein Gespräch nutzen:

- *Was siehst du hier?*
- *Welche dieser Sachen kennst du?*
- *Wofür benutzt man sie?*
- *Was müssen wir an unserem Körper alles reinigen?*
- *Was glaubst du: Warum ist es wichtig, den eigenen Körper zu reinigen und zu pflegen?*
- *Womit und wie reinigst du dich?*

Arbeitsphase

Zurück am Platz erhalten die Kinder das Arbeitsblatt sowie Scheren und Klebestifte. Lesen Sie den Nicht-Leser*innen die Aufgabenstellung bitte vor.

Abschluss

Vergleichen Sie die Arbeitsergebnisse im Plenum. Kommen Sie dazu wieder mit allen Kindern im Sitzkreis zusammen.

So pflege ich mich

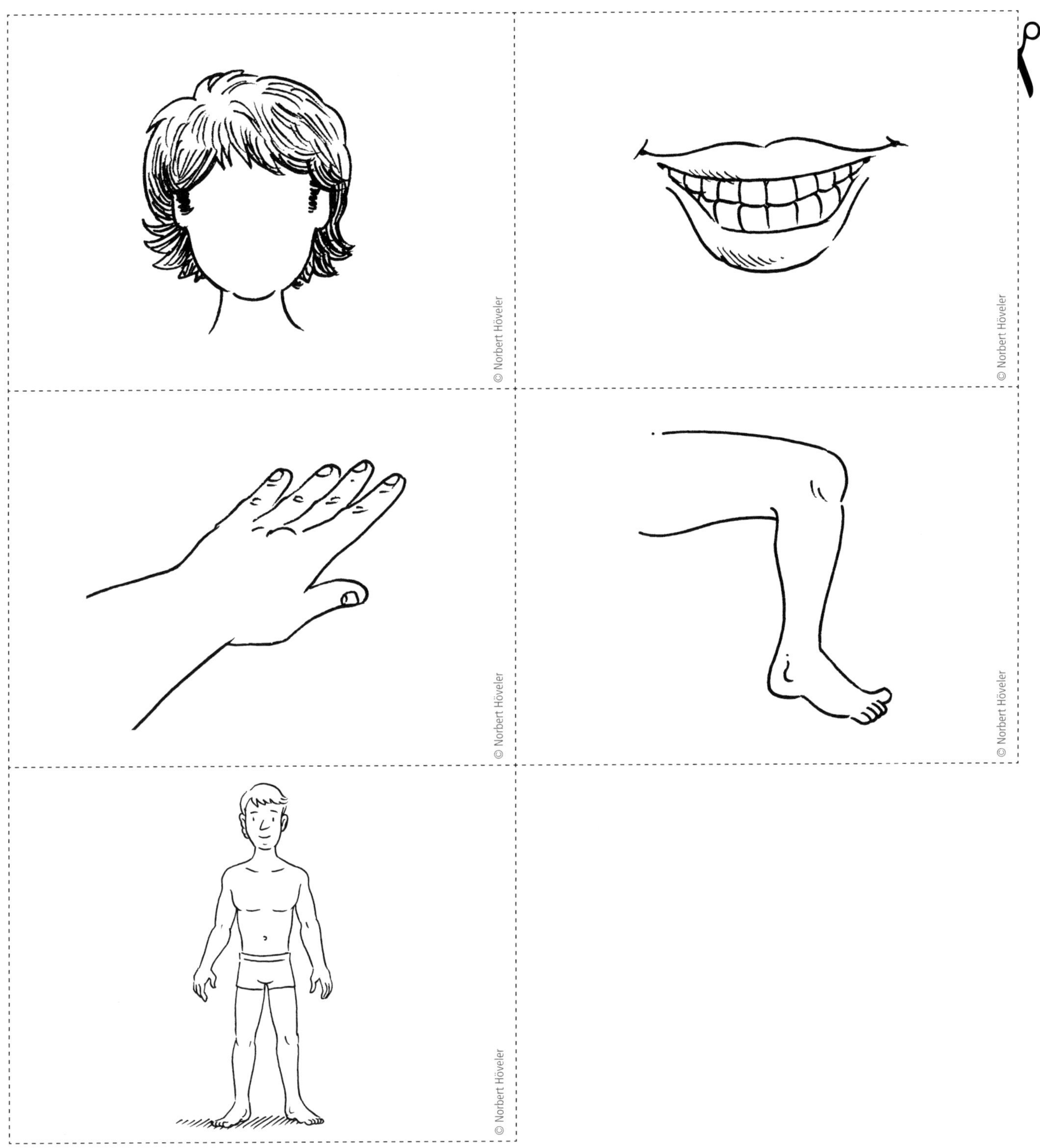

1. **Schneide die Bilder aus. Klebe sie untereinander in dein Heft.**
2. **Male neben jedes Bild, womit du die Körperteile reinigst und pflegst.**

 © Verlag an der Ruhr | Autorin: Aline Kurt | ISBN 978-3-8346-4276-9 | www.verlagruhr.de

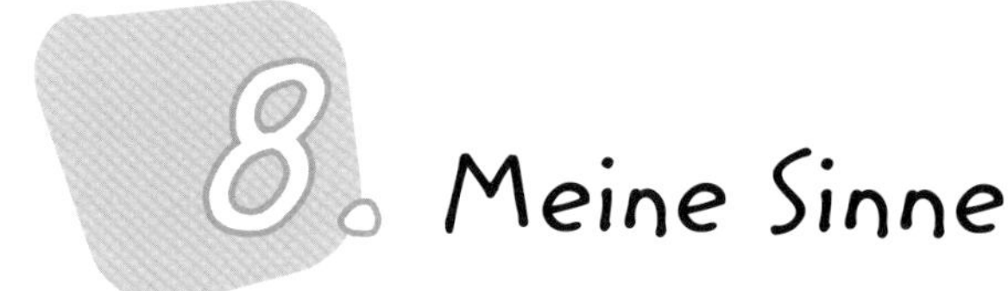

8. Meine Sinne

Darum geht's

Unsere Sinne gleichen einem Wunderwerk, ermöglichen sie uns doch, unsere Umwelt ganzheitlich wahrzunehmen. Leider tendieren wir Menschen jedoch in der heutigen Zeit dazu, nicht mehr unser volles (Sinnes-)Potenzial auszuschöpfen. Kaum jemand erschließt sich die Natur um sich herum durch intensives Hören, Riechen, Fühlen, Sehen und Schmecken. Schade! Denn genau darin liegt ein wichtiger Aspekt der Achtsamkeit. Lassen Sie uns doch gemeinsam den Sachunterricht nutzen, um das Bewusstsein der Kinder für die Vielfältigkeit ihrer Sinne zu schulen. Auch wenn die Stunde auf den ersten Blick recht vorbereitungsintensiv erscheint, lassen Sie sich davon bitte nicht abschrecken, denn Ihre Mühe lohnt sich! Nach einer kurzen Einführung, die durch Bildvorlagen unterstützt wird, tauchen die Schüler*innen in die Welt ihrer Sinne ein, indem sie diese an fünf kleinen Stationen testen.

Kompetenzerwartungen

Die Kinder …

- können ihre Sinne benennen.
- führen kleine Experimente zur Sinnesleistung durch.
- erkennen die Bedeutung der Sinne.

Materialliste

- Bildvorlage „Meine Sinne" (S. 31)
- Arbeitsblatt „Ich kann sehen" (S. 32)
- 3 Becher Wasser
- Zitronensaft
- Zucker
- Salz
- Wattestäbchen (3 pro Kind)
- 12 Wäscheklammern
- Buntstifte
- 6 Gläser mit Schraubdeckel
- einige Erbsen
- einige Nudeln
- einige Büroklammern
- 9 Tücher zum Verbinden der Augen
- 9 Nylonstrümpfe
- Pfefferkörner
- 3 Teebeutel (z. B. Pfefferminz)
- Blüten oder Konzentrat aus der Apotheke (z. B. Rosenwasser)

Das bereiten Sie vor

Kopieren Sie die Bildvorlage (S. 31) 2-mal.
Schneiden Sie die Bilder aus.
Kopieren Sie das Arbeitsblatt (S. 32) für jedes Kind einmal.
Stellen Sie an den einzelnen Stationen die Materialien jeweils auf einem Tisch bereit.

Station 1 (Schmecken):
Legen Sie das Bild „Zunge" an der Station aus. Füllen Sie drei Becher mit Wasser. Träufeln Sie in einen Becher etwas Zitronensaft. Geben Sie in den zweiten Becher etwas Salz. Füllen Sie in den dritten Becher Zucker. Legen Sie für jedes Kind drei Wattestäbchen bereit.

Station 2 (Fühlen):
Legen Sie die Wäscheklammern und drei Tücher zum Verbinden der Augen bereit. Legen Sie das Bild „Hand" an die Station.

Station 3 (Sehen):
Legen Sie für jedes Kind ein Arbeitsblatt und Stifte bereit. Positionieren Sie das Bild „Auge" auf dem Stationstisch.

Station 4 (Hören):
Legen Sie das Bild „Ohr" an der Station aus. Füllen Sie jeweils ein Schraubglas mit Erbsen, eines mit Nudeln und eins mit Büroklammern. Legen Sie drei Tücher zum Verbinden der Augen bereit.

Station 5 (Riechen):
Positionieren Sie das Bild „Nase" an der Station. Füllen Sie jeweils einige Pfefferkörner in drei Strümpfe. Verknoten Sie die Nylonstrümpfe. Verfahren Sie mit den Teebeuteln und den Blüten auf die gleiche Weise.

8. Meine Sinne

Wenn Sie anstatt der Blüten eine Essenz verwenden möchten, müssen Sie diese auf etwas Watte träufeln. Legen Sie drei Tücher zum Verbinden der Augen an der Station bereit.

Stundenverlauf

Einstieg
Bilden Sie mit den Kindern einen Sitzkreis. Zeigen Sie ihnen nacheinander die Bildvorlagen. Besprechen Sie kurz die Funktion der jeweiligen Sinne:

- *Mit meiner Zunge kann ich schmecken.*
- *Mit der Haut an meinen Händen kann ich fühlen. Die Haut befindet sich an meinem ganzen Körper. Deshalb kann ich mit meinem ganzen Körper fühlen.*
- *Mit meinen Augen kann ich sehen.*
- *Mit meinen Ohren kann ich hören.*
- *Mit meiner Nase kann ich riechen.*

Arbeitsphase
Teilen Sie die Kinder in 2er-Gruppen ein. Im Team durchlaufen sie die fünf Stationen. Die Reihenfolge der Stationen können die Schüler*innen dabei frei wählen. An jeder Station können immer drei Paare gleichzeitig experimentieren.
Erklären Sie den Kindern, dass sie immer schauen sollen, an welcher Station gerade nicht so viel „Betrieb" herrscht. Bevor die Kinder nun experimentieren können, erklären Sie ihnen bitte noch die Aufgabenstellung an den einzelnen Stationen:

Die Stationen

Station 1 (Schmecken):
An dieser Station testen die Kinder ihren Geschmacksinn. Dazu tauchen Sie jeweils eines ihrer drei Wattestäbchen nacheinander in die Becher und probieren. Wenn beide fertig sind, flüstern sie ihrem Partnerkind ins Ohr, was sie wahrgenommen haben (sauer, salzig, süß).

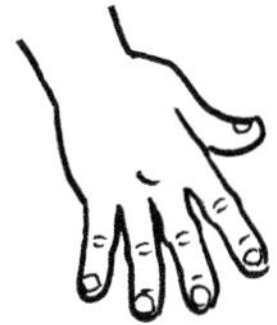

Station 2 (Fühlen):
Ein Kind verbindet dem zweiten die Augen. Das sehende Kind heftet seinem Partnerkind nun vier Wäscheklammern an die Kleidung. Das „blinde" Kind muss nun beschreiben, wo sich die Wäscheklammern befinden. Danach werden die Rollen getauscht.

Station 3 (Sehen):
An dieser Station finden die Kinder ein Arbeitsblatt vor. Darauf befinden sich Vierecke, deren Seiten von den Schüler*innen verbunden werden müssen. Die Kinder sollen jede der Figuren mit zwei separaten Stiftfarben nachfahren. Beim ersten Mal haben die Kinder dabei die Augen geöffnet. Beim zweiten Mal halten sie sich ihr rechtes Auge zu. Beim dritten Mal halten sie ihr linkes Auge zu. Lesen Sie den Nicht-Leser*innen die Aufgabenstellung bitte vor. Zeigen Sie allen Kindern zunächst an der Tafel, was ein Viereck ist, indem Sie ein Quadrat zeichnen.

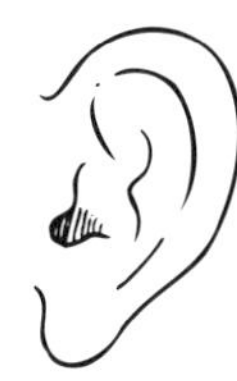

Station 4 (Hören):
Ein Kind verbindet dem zweiten die Augen. Das sehende Partnerkind stellt sich mit einem Schraubglas in einiger Entfernung auf. Das „blinde" Partnerkind muss dem Geräusch des Schraubglases folgen. Anschließend werden

8. Meine Sinne

die Rollen getauscht. Erklären Sie den Schüler*innen, dass sie bei dieser Übung besonders aufpassen müssen. Das sehende Kind muss darauf achten, dass das andere Kind nirgendwo gegenstößt. Daher sollte der Abstand relativ nah gewählt werden. An der Station befinden sich drei verschiedene Schraubgläser, damit die Übung von mehreren Kindern gleichzeitig ausgeführt werden kann und die Kinder ihrem jeweiligen Partnerkind folgen können. Außerdem wird auf diese Weise der Schwierigkeitsgrad erhöht, da sich die Schüler*innen auf ein bestimmtes Geräusch konzentrieren müssen.

Station 5 (Riechen):
An dieser Station verbindet wieder das erste Kind dem zweiten die Augen. Das sehende Kind reicht seinem Partnerkind sechs Riechsäckchen, je 2-mal die gleichen. Das Kind mit den verbundenen Augen muss die zusammengehörigen Paare finden. Anschließend werden die Rollen getauscht.

Abschluss
Kommen Sie anschließend alle im Sitzkreis zusammen. Besprechen Sie die Sinnesstationen mithilfe der folgenden Fragen. Damit die Kinder wissen, welche Station Sie gerade ansprechen, halten Sie bitte die zugehörige Bildkarte gut sichtbar hoch.

Station 1 (Schmecken)
- *Welche Geschmacksrichtungen hast du hier wahrgenommen?*
- *Ist dir das Schmecken schwergefallen oder war es leicht für dich?*
- *Was hat dir am besten geschmeckt?*

Station 2 (Fühlen)
- *Was hast du an dieser Station gemacht?*
- *Hast du die Wäscheklammer schnell aufgespürt oder ist dir das schwergefallen? Was glaubst du: Woran lag das?*

Station 3 (Sehen)
- *Welche Figuren hast du auf dem Arbeitsblatt entdeckt?*
- *Hast du alle Vierecke gleich schnell gefunden?*
- *War es leichter, mit beiden Augen zu schauen, oder ist es dir leichter gefallen, nur mit einem Auge zu sehen?*

Station 4 (Hören)
- *Was hast du an dieser Station gemacht?*
- *Hat es lange gedauert, bis du zu deinem Partnerkind gefunden hast?*

Station 5 (Riechen)
- *Was hast du hier gerochen?*
- *Ist es dir gelungen, alle Paare zu finden?*
- *Hat es lange gedauert oder ging es schnell für dich?*

Meine Sinne

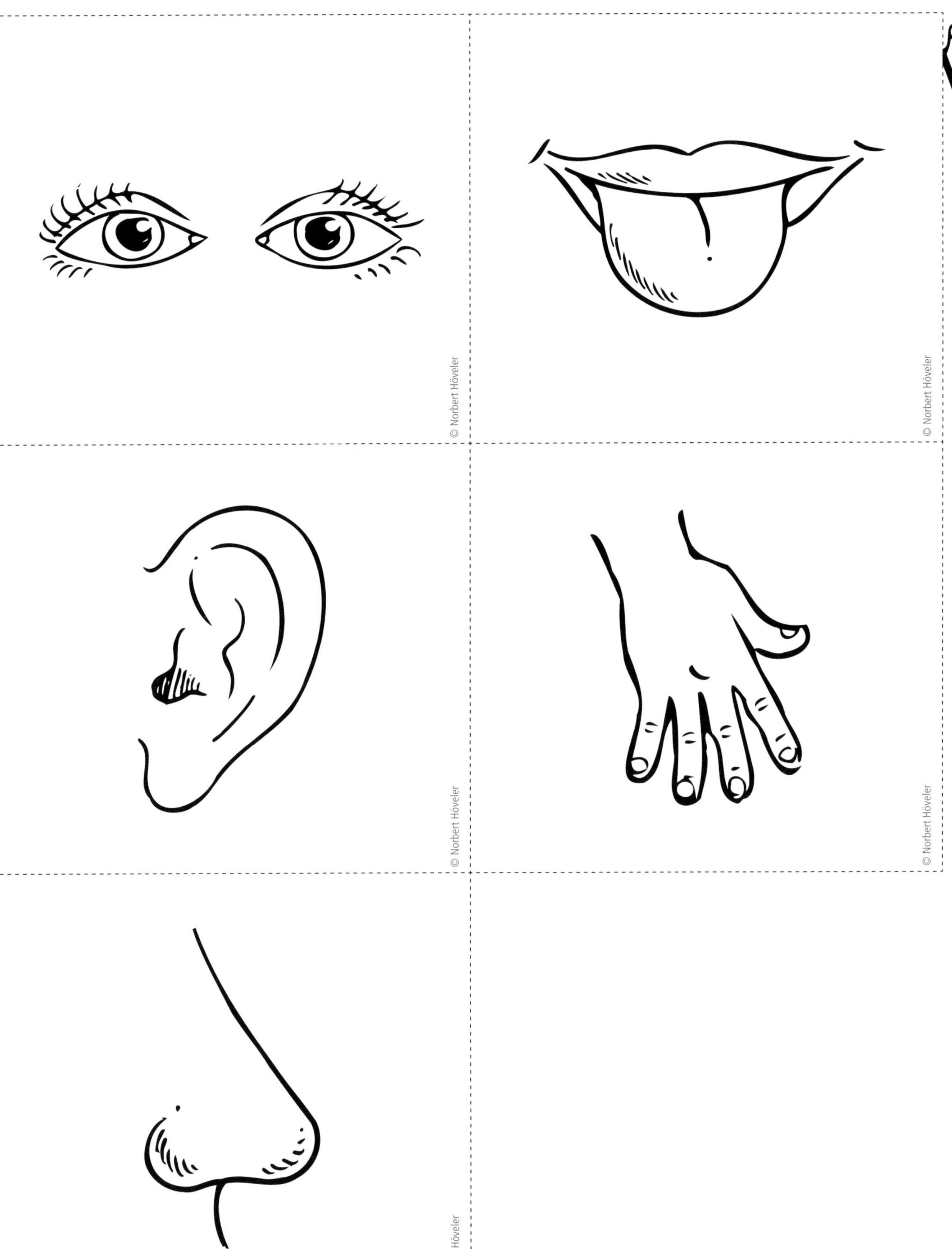
© Norbert Höveler
© Norbert Höveler
© Norbert Höveler
© Norbert Höveler
© Norbert Höveler

Ich kann sehen

1. **Fahre die beiden Vierecke mit 2 verschiedenen Stiften nach.**
2. **Halte dir das rechte Auge zu. Fahre die Vierecke mit 2 verschiedenen Farben nach.**
3. **Halte dir das linke Auge zu. Fahre die Vierecke mit 2 verschiedenen Farben nach.**

9. Meine Zähne

Darum geht's

Wie der Stundentitel schon vermuten lässt, dreht sich in dieser Stunde alles um das Thema „Zähne". Da die Zahngesundheit auch einen maßgeblichen Einfluss auf die Gesundheit des gesamten Körpers hat, kommt diesem Thema eine besondere Bedeutung zu. Allerdings sollte die Zahnpflege den Kindern nicht vorgeschrieben werden, da sie sonst zum Muss und nötigen Übel mutiert. Deshalb ist es wichtig, das Thema möglichst handlungsorientiert zu vermitteln, um den Kindern Freude zu bereiten. Die Stunde beginnt deshalb mit einer kleinen Übung, bei der die Kinder ihre Zähne mithilfe eines Spiegels und der eigenen Zunge zunächst untersuchen. Nachdem so das Bewusstsein für die Thematik geschaffen wurde, bearbeiten die Schüler*innen ein Arbeitsblatt, bevor sie abschließend ihre Zähne im Waschraum pflegen.

Kompetenzerwartungen

Die Kinder …

- wissen, wie ein Milchzahngebiss aussieht.
- kennen Schneide-, Eck- und Backenzähne.
- wissen, wie sie ihre Zähne richtig putzen.
- sind sich der Bedeutung des Zähneputzens bewusst.

Materialliste

- Arbeitsblatt „Meine Zähne" (S. 35)
- Folie
- OHP, Dokumentenkamera o. Ä.
- blauer, grüner und roter Folienstift
- grobzinkiger Kamm (am besten in rot)
- Watte
- Zahnbürste

Für jedes Kind:

- Spiegel (am besten selbst von den Kindern mitzubringen)
- Zahnbürste (am besten selbst von den Kindern mitzubringen)
- Zahnpasta
- Schere

Das bereiten Sie vor

Kopieren Sie das Arbeitsblatt „Meine Zähne" für jedes Kind. Falls Sie mit einem OHP arbeiten, ziehen Sie ein weiteres Exemplar auf Folie.

*Damit Sie nicht für jedes Kind eine Zahnbürste besorgen müssen, bitten Sie die Schüler*innen, ihre eigene Zahnbürste mitzubringen. Denken Sie allerdings daran, die ein oder andere Ersatzzahnbürste bereitzuhalten, da nicht alle Kinder an ihre Zahnbürste denken werden.*
Gleiches gilt übrigens auch für die benötigten Spiegel: Lassen Sie diese einfach im Vorfeld von den Kindern mitbringen.

Stundenverlauf

Einstieg

Jedes Kind bekommt einen Spiegel.
Erzählen Sie den Schüler*innen, dass Sie sich heute mit dem Thema „Zähne" beschäftigen möchten. Geben Sie ihnen dazu folgende Impulse:

- *Schau dir einmal deine Zähne im Spiegel an. Wie sehen sie aus?*
- *Wie viele Zähne hast du? Kannst du sie schon zählen?*
- *Da du noch Milchzähne hast, kann es sein, dass dir zurzeit der ein oder andere Zahn fehlt. Kinder haben 20 Milchzähne. Alle Zähne, die nachkommen, heißen „bleibende Zähne", weil sie in deinem Mund bleiben. Weißt du, wie viele bleibende Zähne es gibt? (32)*
- *Fahre deine Zähne mal mit der Zunge nach. Wie fühlen sie sich an?*
- *Schau dir noch einmal deine Zähne ganz genau an. Jeder deiner Zähne ist etwas ganz Besonderes. Weißt du, wie die Zähne heißen?*

9. Meine Zähne

Zeigen Sie den Kindern jeweils im Ober- und Unterkiefer die vier Schneidezähne, die beiden Eckzähne und die vier Backenzähne. Nennen Sie ihnen die drei zugehörigen Namen.

Arbeitsphase

Teilen Sie jedem Kind ein Arbeitsblatt sowie eine Schere aus. Nennen Sie den Nicht-Leser*innen bitte die Aufgabenstellung:

- *Male alle Schneidezähne aus.*
- *Nimm eine andere Farbe.*
  Male damit alle Eckzähne an.
- *Nimm nun eine dritte Farbe.*
  Damit malst du alle Backenzähne an.

Auch die Nicht-Leser*innen putzen das abgebildete Gebiss zunächst nach eigenem Gutdünken mithilfe der ausgeschnittenen Zahnbürste.
Vergleichen Sie anschließend sowohl mit den Leser*innen als auch den Nicht-Leser*innen die Aufgabenstellung, indem Sie die vorbereitete Folie auflegen und die Zahnarten entsprechend mit dem Folienstift markieren. Erklären Sie den Kindern, dass sie beim Zähneputzen mit kreisenden Bewegungen und „von rot nach weiß" putzen sollen. Dies können Sie eindrucksvoll mit dem Kamm und der Watte demonstrieren: Klemmen Sie etwas Watte zwischen die Zinken des Kamms. Der Kamm stellt das Gebiss dar, die Watte Essensreste. Nehmen Sie nun die Zahnbürste hinzu. Wenn Sie nur kreisende Bewegungen machen, reicht dies nicht, um die Watte zu entfernen. Es muss auch „von oben nach unten", also „von rot nach weiß" geputzt werden.

Abschluss

Gehen Sie mit den Kindern in den Waschraum. Jedes Kind nimmt seine Zahnbürste, einen Becher und Zahnpasta mit. Nun putzen alle ihre Zähne. Erinnern Sie vorher nochmals an den Versuch mit dem Kamm. Dann beginnen die Kinder zunächst an den Kauflächen im Unter- und Oberkiefer. Zeigen Sie ihnen, dass sie dabei die linke und die rechte Seite putzen müssen. Anschließend widmen sie sich sowohl im Unter- als auch im Oberkiefer der Zahninnenseite. Zum Schluss ist die Zahnaußenseite an beiden Kiefern dran. Auch hier werden die Zähne mit kreisenden Bewegungen und „von rot nach weiß" gereinigt. Beim Reinigen der Zähne müssen die Kinder darauf achten, nicht zu viel Druck zu verwenden, um das Zahnfleisch nicht zu verletzen. Machen Sie die Schüler*innen außerdem darauf aufmerksam, dass sie mit ihrer Zahnbürste nicht im Raum herumrennen sollen, um Verletzungen zu vermeiden.

Lassen Sie die Stunde dann mit einem kleinen Gespräch ausklingen:

- *Was glaubst du: Warum ist es wichtig, die Zähne regelmäßig zu putzen?*
- *Wie oft putzt du deine Zähne?*
- *Putzt du deine Zähne gern oder macht dir das eher nicht so viel Spaß?*
- *Was kannst du machen, damit Zähneputzen dir Freude bereitet? (z. B. währenddessen im Kopf eine kleine Geschichte dazu erfinden)*

Ein Besuch des Schulzahnarztes oder der Schulzahnärztin in der Folgestunde kann dazu beitragen, das Gelernte weiter zu festigen. Hier können die Kinder dann schon mit ihrem Expertenwissen glänzen, was viele Kinder mit verdientem Stolz erfüllt.

Meine Zähne

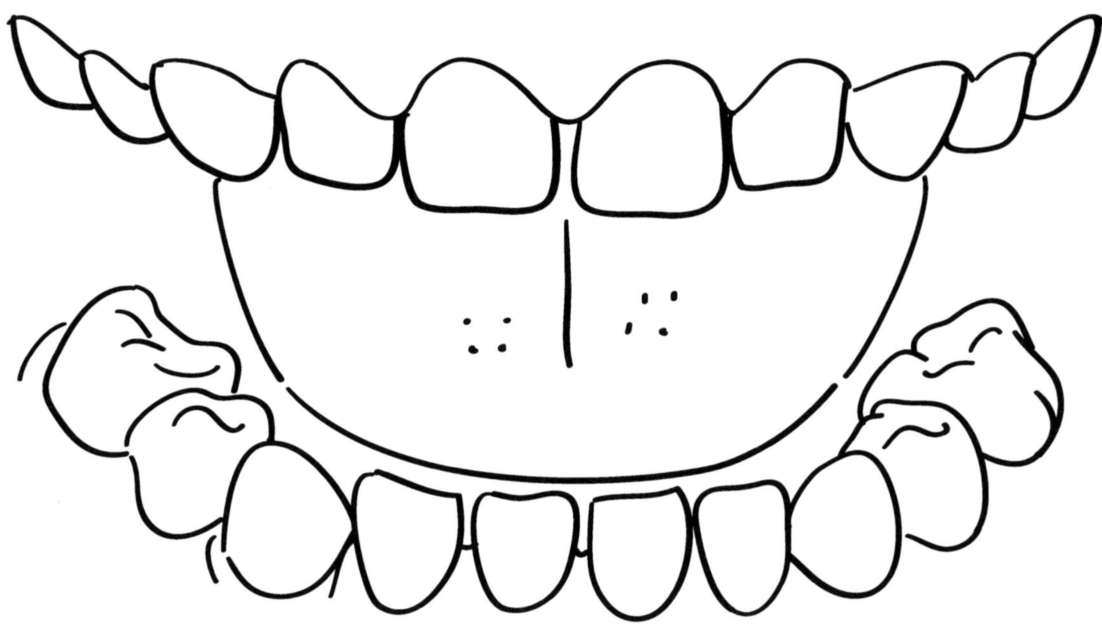

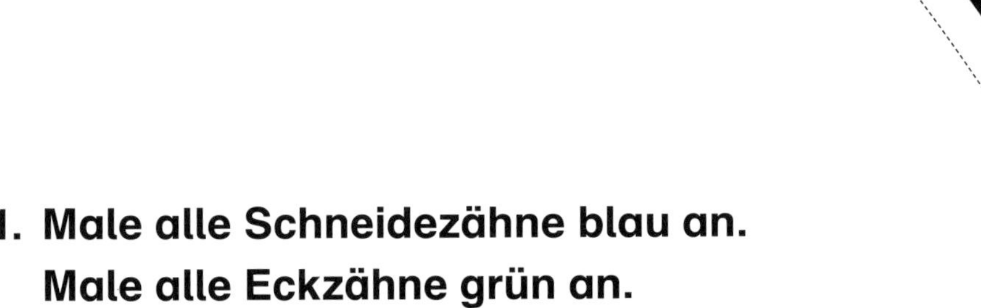

1. **Male alle Schneidezähne blau an.**
   Male alle Eckzähne grün an.
   Male alle Backenzähne rot an.

2. **Schneide die Zahnbürste aus.**
   Wie werden Zähne richtig geputzt?
   Übe es auf dem Bild.

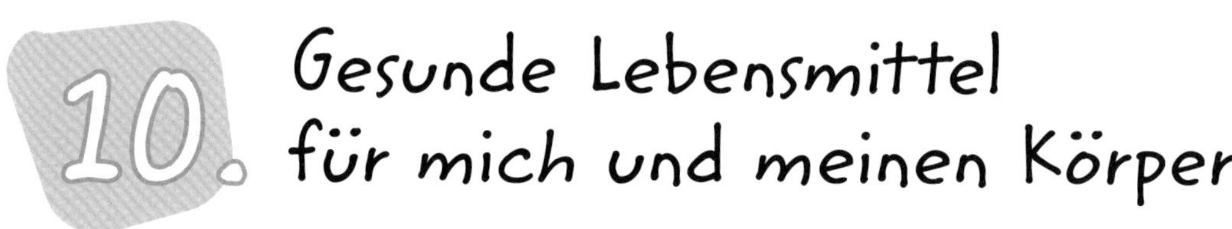

10. Gesunde Lebensmittel für mich und meinen Körper

Darum geht's

Kaum ein Thema wird so kontrovers diskutiert wie unsere Ernährung. Einige Wissenschaftler*innen plädieren für eine Low-Carb-Ernährung, andere verfechten vegetarische Ernährung oder propagieren eine gänzlich andere Ernährungsform. So ziemlich einig sind sich alle jedoch darin, dass wir viel zu viele Kohlenhydrate in Form von Brot, Nudeln und anderen Teiggerichten verzehren.
Doch wie soll man sich in diesem Dschungel zurechtfinden und was sollten wir unseren Kindern beibringen? Hier gilt wie bei so ziemlich allem im Leben: Alles darf – in Maßen!
Nehmen Sie also sich selbst und den Kindern den Stress und lassen Sie ihren gesunden Menschenverstand entscheiden.
Die folgende Stunde möchte den Kindern einen Anhaltspunkt geben, wie so eine gesunde Ernährung aussehen könnte. Dies geschieht hier mithilfe von Bildmaterial und einer Ernährungspyramide.

Kompetenzerwartungen

Die Kinder ...

- gewinnen einen Einblick in die Vielfalt der Ernährung.
- lernen die Ernährungspyramide kennen.

Materialliste

- Bildvorlage „So viel Auswahl" (S. 38)
- Kopiervorlage „Meine Ernährungspyramide" (S. 39/40)
- Kopierpapier DIN A3
- grüner, gelber, roter Stift
- Folie
- OHP, Dokumentenkamera o. Ä.
- Schere

Für jedes Kind:

- Sitzkissen
- Schere
- Klebestift

Das bereiten Sie vor

Kopieren Sie die Bildvorlage „So viel Auswahl" auf DIN A3 vergrößert.
Fertigen Sie für jedes Kind eine Kopie der 2-seitigen Vorlage „Meine Ernährungspyramide" an. Falls Sie mit einem OHP arbeiten, ziehen Sie außerdem jeweils ein weiteres Exemplar auf Folie.

Stundenverlauf

Einstieg

Legen Sie die Kissen im Halbkreis aus und nehmen Sie mit den Kindern darauf Platz. Zeigen Sie den Schüler*innen die vergrößerte Bildvorlage. Geben Sie ihnen zunächst ausreichend Zeit, das Bild in Ruhe zu betrachten. Färben Sie anschließend gemeinsam alle dargestellten Lebensmittel in Form eines Ampelsystems jeweils mit einem grünen, gelben bzw. roten Punkt ein. Grün symbolisiert dabei Nahrungsmittel, die für den Körper gesund sind (Obst und Gemüse). Gelb markieren Sie alle Nahrungsmittel, die in geringeren Mengen gegessen werden sollten (Kohlenhydrate und tierische Produkte) und einen roten Punkt erhalten alle Nahrungsmittel, die wir selten essen sollten, da sie unserem Körper in regelmäßigen großen Mengen schaden können (Süßigkeiten, Fertiggerichte).
Nutzen Sie dazu die folgenden Fragen:

- *Was siehst du auf dem Bild?*
- *Weißt du, wie das Nahrungsmittel heißt?*
- *Hast du das schon einmal gegessen? Wie hat es dir geschmeckt?*
- *Es gibt Lebensmittel, die für unseren Körper sehr gesund sind. Dann gibt es Lebensmittel, die wir in kleinen Mengen essen können, und Nahrungsmittel, die wir besser nur selten essen, auch wenn wir sie lecker finden. Was glaubst du: Wozu zählt dieses Nahrungsmittel?*

10. Gesunde Lebensmittel für mich und meinen Körper

- *Schau dir einmal an, welche Nahrungsmittel alle einen grünen/gelben/roten Punkt von uns bekommen haben. Weißt du noch, wofür diese Punkte stehen?*
- *Welche Nahrungsmittel kennst du noch, die einen grünen/gelben/roten Punkt bekommen würden?*

Arbeitsphase

Teilen Sie den Kindern das zweiseitige Arbeitsblatt aus. Legen Sie zunächst die Pyramidenvorlage auf den OHP/die Dokumentenkamera o. Ä.

Erzählen Sie den Kindern:
Das ist eine Ernährungspyramide. Sie zeigt uns, wie viel von welchen Lebensmitteln wir essen können. Ganz unten in der langen Reihe kommen alle Nahrungsmittel vor, von denen wir viel am Tag benötigen. Das sind vor allem gesunde Getränke. Darüber kommen die Lebensmittel, von denen wir täglich viel essen sollten. Je weiter wir in der Pyramide nach oben kommen, desto weniger sollten wir von diesen Sachen essen.

Die Kinder schneiden nun alle mitgelieferten Bilder aus und legen diese an die Stelle in der Pyramide, die sie für richtig halten. Machen Sie den Schüler*innen deutlich, dass diese noch nicht aufgeklebt werden sollen.
Nutzen Sie die Zwischenzeit, um die Bilder auf Ihrer Folie ebenfalls auszuschneiden.

Abschluss

Sobald alle Kinder fertig sind, vergleichen Sie gemeinsam die Ergebnisse im Plenum. Legen Sie dazu die richtigen Bilder in die Pyramide. Sobald eine Reihe fertig gelegt wurde, kleben die Kinder diese auf ihrem Arbeitsblatt fest.
Verfahren Sie auf diese Weise, bis alles Bildmaterial sortiert wurde.

Sie haben noch Zeit übrig? Super! Dann bitten Sie die Leser*innen, mithilfe der Ernährungspyramide einen Tagesplan zu entwerfen. Hier schreiben sie auf, was sie zum Frühstück, Mittag- und Abendessen essen könnten. Zwischenmahlzeiten dürfen dabei natürlich nicht fehlen. Die Nicht-Leser*innen malen die Lebensmittel auf ein Blatt Papier oder einen Pappteller.

Wie wäre es mit einem gesunden Schulfrühstück in der folgenden Sachunterrichtsstunde? Hier können die Kinder auch gleich ihr Fachwissen einbringen. Legen Sie dazu im Vorfeld fest, wer was mitbringen sollte.
Sie brauchen:

- *Vollkornbrot/Dinkelbrötchen*
- *Butter/Margarine*
- *Gurken, Tomaten, Salat*
- *Obst*
- *Rohkost*
- *Gemüseaufstrich*
- *Frischkäse*
- *Teller, Besteck, Tassen*
- *Kannen*
- *Tee*

So viel Auswahl

Meine Ernährungspyramide (1/2)

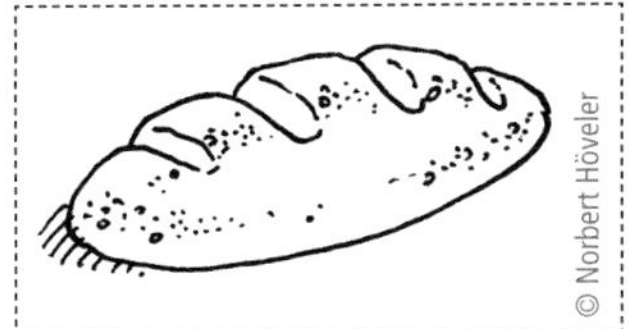

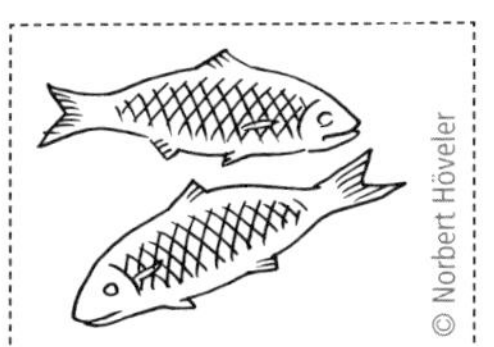

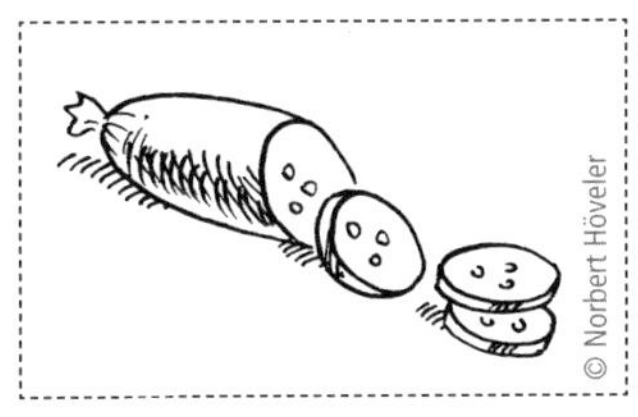

Schneide die Bilder aus.
Klebe sie in der richtigen Reihenfolge
in deine Vorlage.

© Verlag an der Ruhr | Autorin: Aline Kurt | ISBN 978-3-8346-4276-9 | www.verlagruhr.de

Meine Ernährungspyramide (2/2)

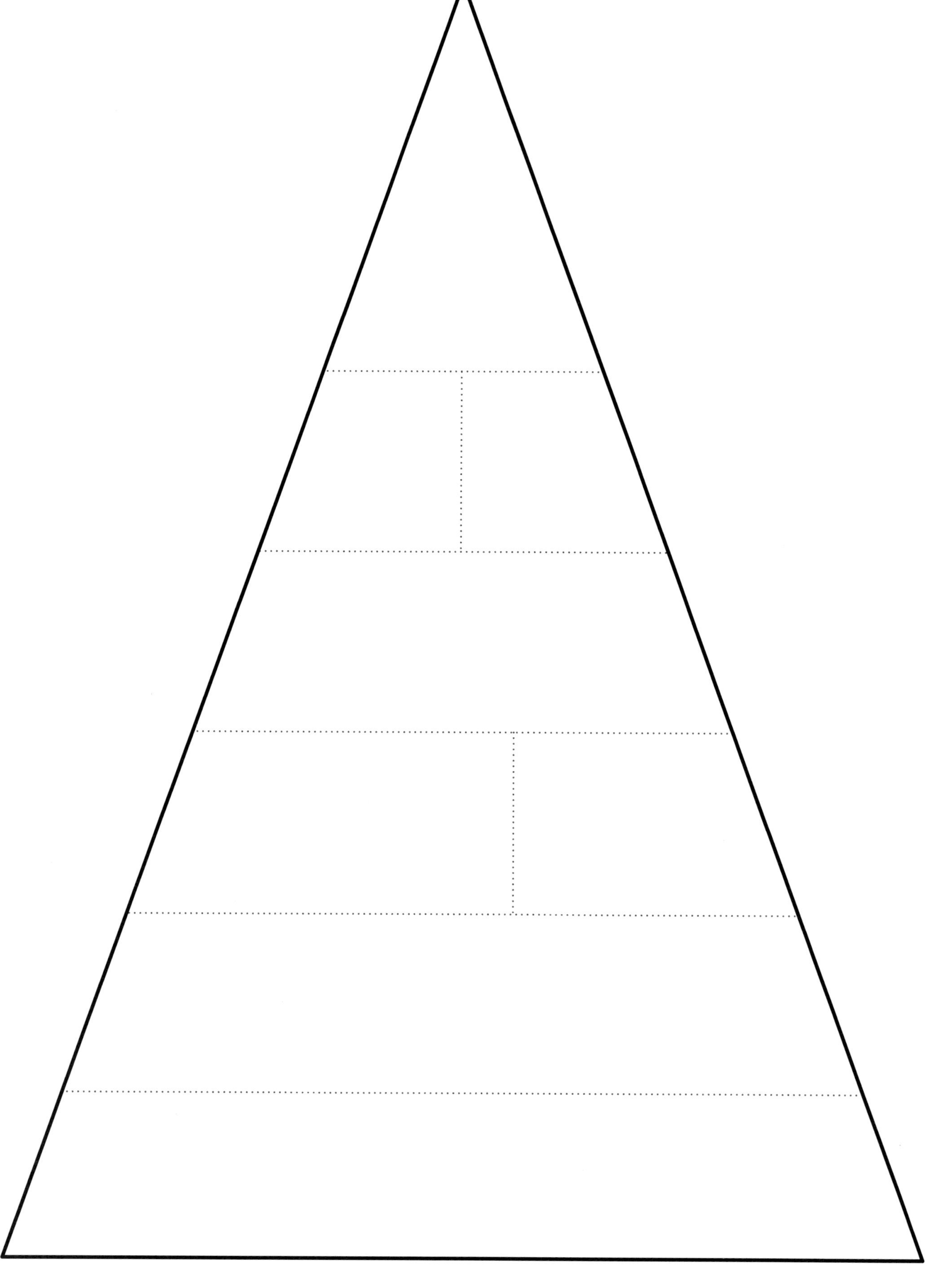

Zeit-einteilung

11. Mein Tagesablauf

Darum geht's

In dieser Stunde beschäftigen sich die Kinder mit ihrem Tagesablauf und lernen dabei die entsprechenden Zeitbegriffe kennen. Zum Einstieg hören die Schüler*innen eine Geschichte, bevor sie ein Hosentaschen-Buch basteln.

Kompetenzerwartungen

Die Kinder …

- lernen die Begriffe „Morgen", „Vormittag", „Mittag", „Nachmittag", „Abend" und „Nacht" kennen.
- können ihren eigenen Tagesablauf beschreiben.
- erkennen, dass nicht jeder Tag gleich ist.

Materialliste

- Vorlage „Sonne, Mond und Sterne" (S. 44)
- Anleitung und Kopiervorlage „Ein Tag in meinem Leben" (S. 45/46)
- blaues Tuch
- schwarzes Tuch
- Stoffkatze (kann auch wegfallen)
- Kopierpapier DIN A3
- Schere
- Klebefilm
- ggf. OHP, Dokumentenkamera o. Ä.
- ggf. Kopierfolie

Für jedes Kind:

- Sitzkissen
- Schere
- Buntstifte

Das bereiten Sie vor

Kopieren Sie die Vorlage „Sonne, Mond und Sterne". Schneiden Sie anschließend die drei Symbole aus. Die Kopiervorlage „Ein Tag in meinem Leben" benötigen Sie für jedes Kind. Die passende Anleitung können Sie mit OHP oder Dokumentenkamera präsentieren oder Sie kopieren sie für jede*n Leser*in.

Stundenverlauf

Einstieg

Nehmen Sie mit den Kindern im Halbkreis Platz. Breiten Sie das blaue Tuch in der Kreismitte aus. Halten Sie die ausgeschnittenen Symbole bereit. Stellen Sie den Kindern zunächst Lübbi (einen Stoffkater) vor. Falls Sie keine Stoffkatze haben, führen Sie das Folgende ohne die Stoffkatze durch. Lesen Sie den Kindern nun diese Geschichte vor:

Ein Tag in Lübbis Leben

Es ist früh am Morgen. Die Sonne geht gerade auf.
Legen Sie die Sonne in die linke untere Ecke des blauen Tuches.

Sanft wird Lübbi von ihren Strahlen geweckt.
Er grunzt erst einmal ausgiebig, bevor er seine Augen öffnet und sich reckt und streckt.
Imitieren Sie die Dehnübungen mit dem Stofftier (entfällt ggf.).

Mit einem Satz springt der kleine Kater aus seinem Bett. Nach einem ausgiebigen Frühstück macht sich Lübbi auf die Reise. Immerhin muss er den Vormittag nutzen, um sein Revier zu kontrollieren. Während Lübbi durch die Gegend rennt, springt und tollt, vergeht die Zeit wie im Flug.
Lassen Sie das Stofftier umherspringen und laufen (entfällt ggf.).

Vom vielen Toben ist der kleine Kater so müde geworden, dass er sich für ein kleines Vormittagsschläfchen im Gras zusammenrollt. Dort schnarcht er so laut, dass die übrigen Tiere ringsherum zusammenzucken.
Legen Sie die Stoffkatze auf den Rücken unterhalb des blauen Tuches (entfällt ggf.).
Lassen Sie die Sonne langsam weiter aufsteigen, bis sie in der oberen Mitte des blauen Tuches angekommen ist.

11. Mein Tagesablauf

Pünktlich am Mittag wird Lübbi wach. Er hat Hunger. Schließlich isst der kleine Kater jeden Mittag zur gleichen Zeit. Also macht er sich so schnell wie möglich auf den Weg nach Hause.
Lassen Sie die Stofftierkatze umherlaufen (entfällt ggf.).

Nach dem Essen wird es dann erst einmal Zeit für ein Mittagsschläfchen.
Legen Sie die Stoffkatze wieder auf den Rücken (entfällt ggf.).

Am Nachmittag ist Lübbi dann auch wieder munter. Er hat Lust, ein bisschen zu spielen. Also macht er sich auf den Weg zu seiner Freundin Lotta. In Lottas großem Garten verbringen die beiden den ganzen Nachmittag und haben jede Menge Spaß.
Lassen Sie die Sonne weiterziehen, bis sie am rechten unteren Ende des Tuches angekommen sind.

Langsam geht die Sonne unter. Es ist Abend geworden. Also macht sich Lübbi auf den Weg nach Hause. Dort wartet ein leckeres Abendessen auf den kleinen Kater. Nach dem Essen betrachtet Lübbi den Mond, der langsam aufsteigt.
Breiten Sie das schwarze Tuch über dem blauen Tuch aus. Legen Sie den Mond darauf.

Bald schon sind auch die Sterne zu sehen. Da weiß Lübbi: Die Nacht ist da. Es wird Zeit zum Schlafen. Schließlich wartet morgen wieder ein neuer Tag auf den kleinen Kater.
Legen Sie die Sterne auf das schwarze Tuch.

Schreiben Sie die Begriffe „Morgen", „Vormittag", „Mittag", „Nachmittag", „Abend" und „Nacht" in einer Zeitleiste nebeneinander an die Tafel. Hängen Sie die Sonne über die ersten drei Begriffe. Den Mond und die Sterne hängen Sie bitte über die Begriffe „Abend" und „Nacht".

Erklären Sie den Kindern:
Mit diesen Worten teilen wir den Tag ein. Er beginnt mit dem Morgen. Das ist der Zeitpunkt, an dem wir aufstehen, frühstücken und uns für den Tag fertig machen. Der Vormittag ist der Zeitraum zwischen dem Morgen und dem Mittag. Daran schließt sich der Nachmittag an.
Am Abend beenden wir unseren Tag und in der Nacht schlafen wir und ruhen uns aus.

Überlegen Sie nun gemeinsam mit den Kindern, was Lübbi in den einzelnen Abschnitten des Tages gemacht hat.

Arbeitsphase
Teilen Sie jedem Kind eine Kopie der Vorlage und ggf. die Anleitung aus. Daraus basteln die Schüler*innen ein Hosentaschen-Buch. Zunächst malen sie zu jedem Zeitabschnitt ein passendes Bild, das eine ihrer typischen Aktivitäten darstellt (für „Mein Morgen" und „Mein Nachmittag" gibt es je zwei Seiten). Sammeln Sie dazu zunächst gemeinsam im Plenum Ideen, was die Kinder am Morgen, Vormittag, Mittag usw. machen.
Anschließend schneiden die Kinder ihre Vorlage aus und basteln das Buch nach Anleitung.
Lesen Sie den Nicht-Leser*innen die Anleitung vor oder zeigen Sie ihnen, wie das Buch gebastelt wird.

Abschluss
Kommen Sie abschließend erneut im Sitzkreis zusammen. Geben Sie hier möglichst vielen Kindern die Gelegenheit, ihr Hosentaschen-Buch zu präsentieren. Machen Sie die Kinder darauf aufmerksam, dass viele unserer Handlungen im Laufe der Tage gleich sind. Dennoch gleicht kein Tag dem anderen. Vielleicht gehen die Kinder an einem Tag der Woche einem Hobby nach und treffen sich an einem anderen Tag mit einem befreundeten Kind.
Sammeln Sie hier möglichst viele Beispiele, sodass den Kindern der Unterschied bewusst wird.

Sonne, Mond und Sterne

  ISBN 978-3-8346-4276-9 | www.verlagruhr.de

Ein Tag in meinem Leben (1/2)

Mein Vormittag

Mein Morgen

Mein Nachmittag

Mein Morgen

Mein Nachmittag

Mein Tag

Name:

Mein Abend

Meine Nacht

Ein Tag in meinem Leben (2/2)

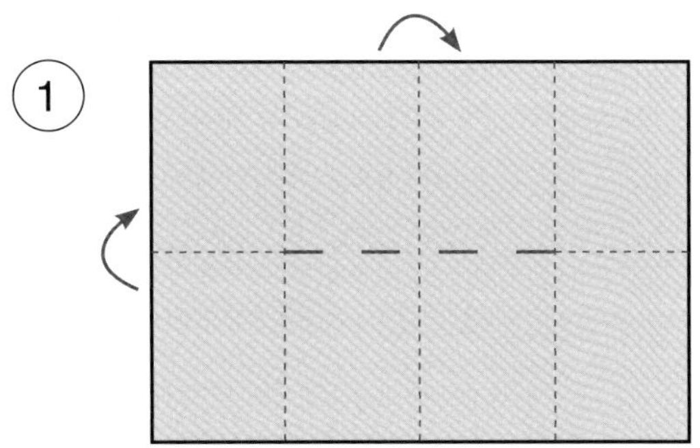

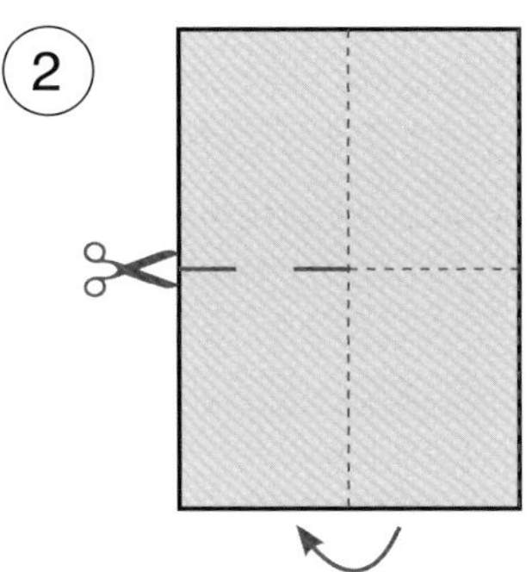

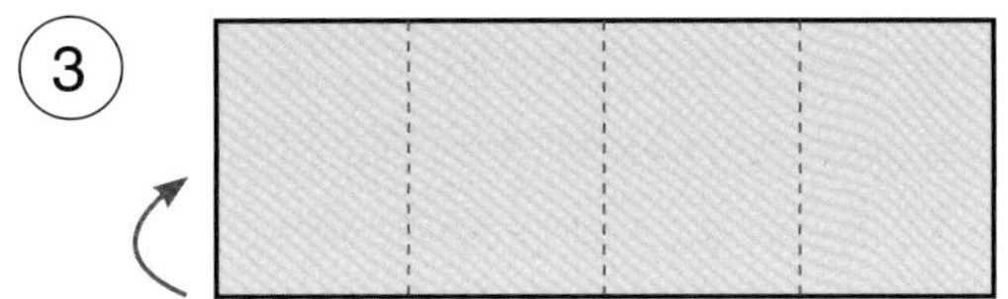

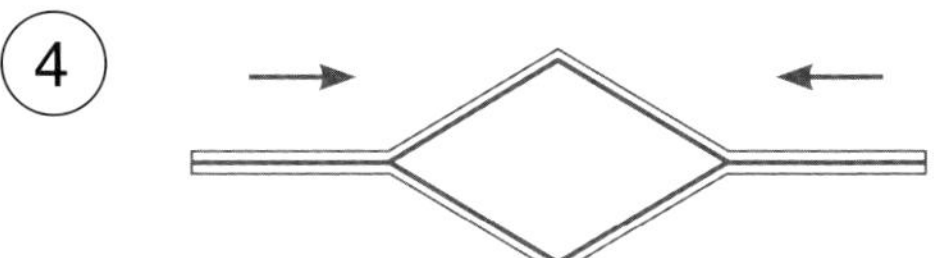

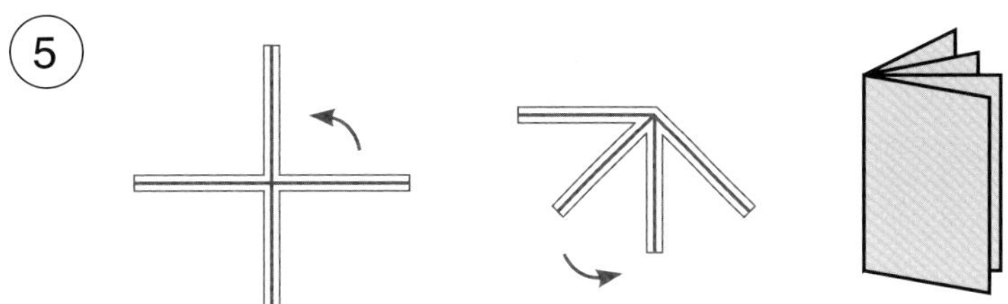

1. **Falte die Vorlage an allen angegebenen Faltlinien.**
2. **Falte das Blatt auf die Hälfte zusammen und schneide die Schneidelinie ein.**
3. **Falte es wieder auseinander und anschließend der Länge nach wieder zusammen.**
4. **Schaue dir das Buch von oben an. Fasse es rechts und links an den geschlossenen Seiten an und schiebe es zusammen.**
5. **Das entstandene Kreuz kannst du nun zu einem Buch zusammenklappen.**

12. Eine Woche hat sieben Tage

Darum geht's

In dieser Stunde lernen die Kinder die Wochentage kennen. Dies geschieht mithilfe eines Liedes und verschiedener Spiele.

Kompetenzerwartungen

Die Kinder …
kennen die Wochentage und können diese benennen.

Materialliste

- Lied „Wochentag-Song" (S. 48)
- Wortkarten „Die Wochentage" (S. 49)
- Bastelvorlage „Wochentagzwerge" (S. 50)
- Schere

Für jedes Kind:
- Sitzkissen
- Bogen weißer Tonkarton oder Pappe (DIN A4)
- Klebestift
- Buntstifte
- Schere

Das bereiten Sie vor

Fertigen Sie für jedes Kind eine Kopie des „Wochentag-Songs" an.
Kopieren Sie die Wortkarten „Die Wochentage" auf DIN A3 vergrößert. Schneiden Sie die Karten anschließend aus und mischen Sie diese. Kopieren Sie die Bastelvorlage „Wochentagzwerge" für jedes Kind, ebenfalls auf DIN A3 vergrößert.

Stundenverlauf

Einstieg

Bilden Sie mit den Kindern einen Sitzkreis. Teilen Sie den Leser*innen den „Wochentag-Song" aus und singen Sie das Lied gemeinsam.

Da der Text recht einfach ist, können Sie den Nicht-Leser*innen das Lied einfach vorsingen. Bereits beim zweiten Durchlauf können die Kinder dann mit einsteigen. Singen Sie die Strophe ruhig mehrmals, um die Reihenfolge der Wochentage zu memorieren.

Arbeitsphase

Verweilen Sie mit den Kindern im Sitzkreis. Breiten Sie die vermischten Wortkarten in der Kreismitte aus. Erinnern Sie die Schüler*innen an die Wochentage aus dem Lied. Legen Sie die Karten nun gemeinsam in die richtige Reihenfolge. Wählen Sie anschließend sieben Freiwillige aus. Jedes Kind erhält eine Wochentagskarte. Wie schnell schaffen es die Kinder, sich in der richtigen Reihenfolge in einer Schlange aufzustellen? Spielen Sie das Sortierspiel so oft, bis jedes Kind mindestens einmal daran teilnehmen konnte.
Die Nicht-Leser*innen nennen ihnen die richtige Reihenfolge und Sie legen die Karten für die Kinder. Zur Durchführung des Spiels nennen Sie den Schüler*innen den jeweiligen Wochentag auf ihrer Karte.

Abschluss

Teilen Sie den Kindern die Bastelvorlage aus. Diese wird ausgeschnitten und an den entsprechenden Markierungen gefaltet. Anschließend wählt jedes Kind eine Farbe für jeden Wochentag und malt jeden Zwerg in einer anderen Farbe an. Die Leser*innen notieren zusätzlich den Namen der Wochentage auf dem zugehörigen Zwerg.
Nennen Sie den Kindern abschließend die Wochentage in beliebiger Reihenfolge. Die Kinder tippen dann mit dem Finger auf den passenden Zwerg.

Mithilfe der Wochentagzwerge lassen sich in der Folgestunde die Begriffe „heute", „morgen", „übermorgen", „gestern" und „vorgestern" trainieren.

Wochentag-Song

Melodie: volkstümlich, Text: Verlag an der Ruhr

Die Wochentage

Montag	Dienstag
Mittwoch	Donnerstag
Freitag	Samstag
Sonntag	

  ISBN 978-3-8346-4276-9 | www.verlagruhr.de

Die Wochentagzwerge

© Verlag an der Ruhr | Autorin: Aline Kurt | ISBN 978-3-8346-4276-9 | www.verlagruhr.de

13. Das Jahr hat zwölf Monate

Darum geht's

In dieser Stunde lernen die Kinder die Monatsnamen kennen. Dazu basteln sie eine Drehscheibe und spielen anschließend ein Spiel damit.

Kompetenzerwartungen

Die Kinder …
- lernen die Monatsnamen kennen.
- wissen, dass ein Jahr zyklisch verläuft.

Materialliste

- Bastelanleitung „Mein Jahreskreis" (S. 52)
- Bastelvorlage „Mein Jahreskreis" (S. 53)

Für jedes Kind:
- 2 Bögen Pappe oder Tonkarton (DIN A4)
- Schere
- Kleber
- Buntstifte
- Musterklammer

Das bereiten Sie vor

Kopieren Sie die Bastelvorlage „Mein Jahreskreis" für jedes Kind. Fertigen Sie für die Leser*innen zusätzlich eine Kopie der gleichnamigen Bastelanleitung an.

Stundenverlauf

Einstieg

Notieren Sie die Monatsnamen gut lesbar an der Tafel. Lesen Sie den Nicht-Leser*innen diese vor. Die Leser*innen übernehmen diese Aufgabe selbstständig im Wechsel. Erklären Sie den Kindern, dass wir das Jahr in zwölf Monate unterteilen, die immer in der gleichen Reihenfolge wiederkehren. Jedes Jahr beginnt im Januar und endet im Dezember.

Lassen Sie die Monatsnamen noch einmal laut wiederholen. Überlegen Sie gemeinsam, was zum jeweiligen Monat passen könnte, wie beispielsweise Schneeflocken im Januar, Luftschlangen oder ein Karnevalskostüm im Februar usw.

Arbeitsphase

Verteilen Sie die 2-seitige Bastelvorlage sowie die benötigten Materialien an die Kinder. Die Leser*innen erhalten darüber hinaus die zugehörige Bastelanleitung. Den Nicht-Leser*innen nennen Sie bitte die einzelnen Bastelschritte oder lesen diese vor. Die Monatsnamen übernehmen alle Kinder von der Tafel.

Abschluss

Sobald alle Drehscheiben fertiggestellt sind, kommen diese auch gleich zum Einsatz. Teilen Sie die Klasse in zwei Gruppen ein. Entfernen Sie die Monatsnamen von der Tafel und notieren Sie hier die Buchstaben A und B. Die linke Klassenhälfte ist nun Gruppe A und die Kinder auf der rechten Seite gehören zu Gruppe B. Nennen Sie den Kindern einen Monatsnamen, den sie auf ihrer Drehscheibe einstellen. Fragen Sie nun: Welcher Monat kommt davor/danach? Die Gruppe, die am schnellsten die Antwort nennt, erhält einen Punkt. Wenn Ihnen der dadurch entstehende Geräuschpegel zu hoch ist, können Sie auch aus jeder Gruppe jeweils ein Kind gegen das andere „antreten" lassen.
Spielen Sie das Spiel bis zum Ende der Stunde und ermitteln Sie dann das Siegerteam.

Sie können das Thema weiter vertiefen, indem Sie gemeinsam einen Geburtstagskalender basteln.

Mein Jahreskreis (1/2)

Du brauchst:

➔ Vorlage „Mein Jahreskreis"
➔ 2 Bögen Pappe
➔ Kleber
➔ Schere
➔ Buntstifte
➔ Musterklammer

So geht es:

1. Schreibe die Monatsnamen in der richtigen Reihenfolge in die Felder.
2. Was passt für dich zu diesem Monat? Male es in das Feld dazu.
3. Klebe die beiden Kreise auf Pappe.
4. Schneide beide Teile aus.
5. Stich ein Loch in die Mitte beider Scheiben.
6. Lege die geschlossene Scheibe auf die Scheibe mit den Monatsnamen.
7. Befestige beide Scheiben mit einer Musterklammer.

Mein Jahreskreis (2/2)

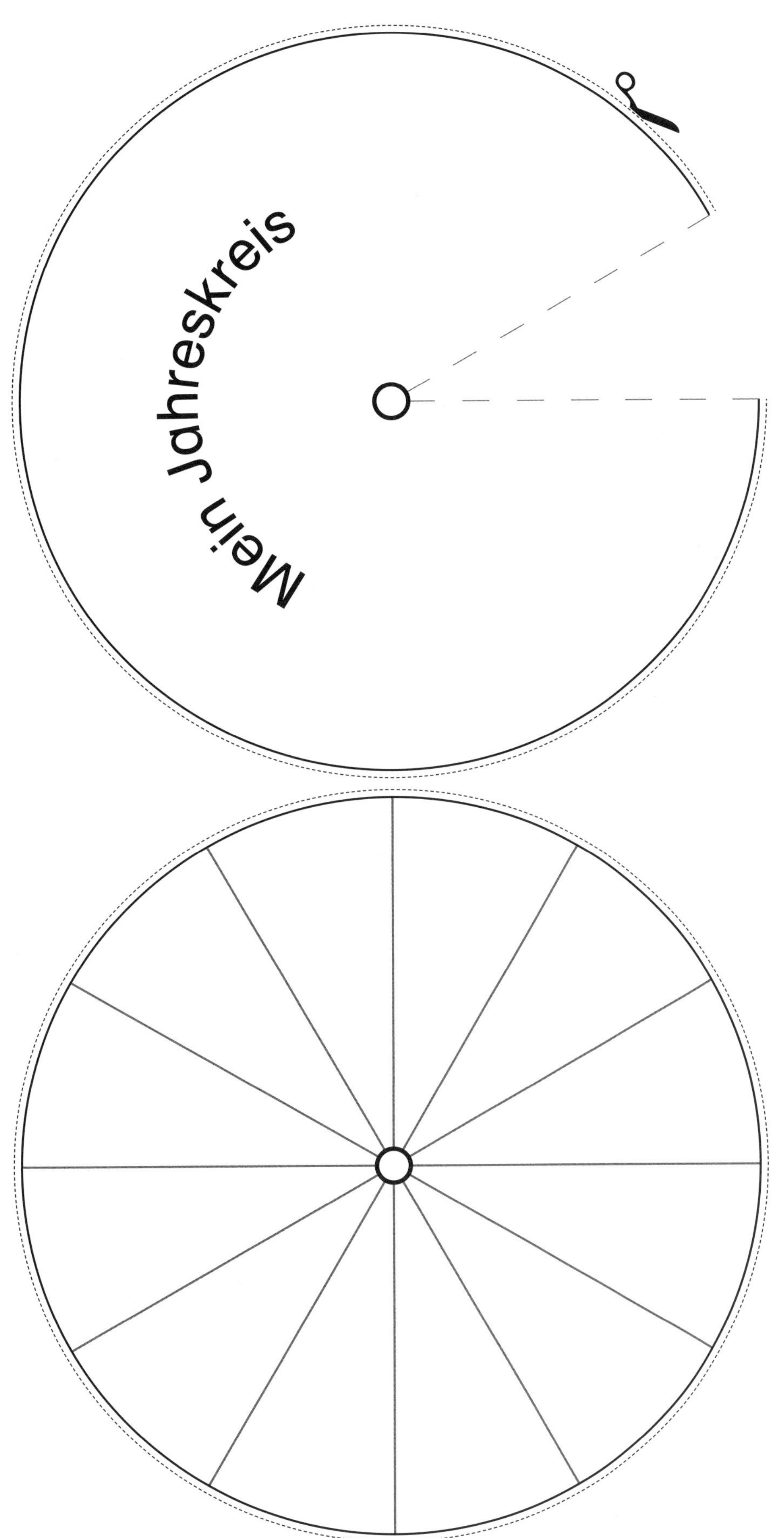

14. Frühling, Sommer, Herbst und Winter

Darum geht's

In dieser Unterrichtsstunde beschäftigen sich die Schüler*innen mit den vier Jahreszeiten. Die mitgelieferten Bildvorlagen unterstützen dabei das Einstiegsgespräch, bevor die Kinder ihr Wissen mithilfe eines Arbeitsblattes festigen.

Kompetenzerwartungen

Die Kinder ...

- wissen, dass das Jahr in vier Jahreszeiten untergliedert ist.
- können die Jahreszeiten benennen und zyklische Ereignisse zuordnen.

Materialliste

- Bildvorlagen „Jahreszeiten" (S. 104/105)
  Achtung, diese **farbigen Bildvorlagen** finden Sie hinten in diesem Buch!
- Schere
- Arbeitsblatt „Die Jahreszeiten" (S. 55)

Für jedes Kind:

- Sitzkissen
- Schere
- Kleber

Das bereiten Sie vor

Schneiden Sie die vier Bilder auf den beiden Bildvorlagen (zu finden hinten in diesem Buch auf S. 104–105) aus. Kopieren Sie das Arbeitsblatt (S. 55) für jedes Kind.

Stundenverlauf

Einstieg

Arrangieren Sie aus den Kissen einen Sitzkreis. Nehmen Sie hier mit den Schüler*innen Platz. Legen Sie die Bildvorlagen gut sichtbar in die Kreismitte.

Lassen Sie den Kindern zunächst ausreichend Zeit, die Bilder in Ruhe zu betrachten, bevor Sie die folgenden Impulse für ein Gespräch nutzen:

- *Was siehst du auf dem Bild?*
- *Hier ist eine Jahreszeit abgebildet.*
  Weißt du, wie sie heißt?
- *Was gehört für dich zum Frühling/Sommer/Herbst/Winter?*

Arbeitsphase

Sobald die Kinder ihre Plätze wieder eingenommen haben, erhalten sie das Arbeitsblatt. Lesen Sie den Nicht-Leser*innen die Aufgabenstellung vor. Die Kinder schneiden die Bilder aus und kleben diese untereinander in ihr Heft oder auf ein Blatt Papier. Neben jedes Bild malen sie Dinge und Ereignisse, die zur Jahreszeit passen. Die Leser*innen können darüberhinaus auch noch den ein oder anderen Satz dazu schreiben.

Abschluss

Vergleichen Sie die Arbeitsergebnisse gemeinsam im Plenum. Kommen Sie dazu erneut im Sitzkreis zusammen. Geben Sie den Kindern hier die Gelegenheit, ihre Bilder zu präsentieren und ggf. zu erläutern.

Sie können im Anschluss an die Stunde auch noch einmal die gebastelte Drehscheibe aus der vorhergehenden Stunde verwenden und hier die Monate den Jahreszeiten zuordnen, indem Sie die Monate in entsprechenden Farben markieren.
*Mit den Leser*innenn können Sie auch zu jeder Jahreszeit ein Sinnesgedicht verfassen, wie beispielsweise:*

Frühling ...
... riecht nach Blumenwiese
... schmeckt wie Löwenzahn
... sieht aus wie ein buntes Blumenmeer
... klingt nach Vogelgezwitscher
... fühlt sich an wie ein Neubeginn

Die Jahreszeiten

1. **Schneide die Bilder aus. Klebe sie in der richtigen Reihenfolge untereinander in dein Heft.**
2. **Klebe neben jedes Bild den passenden Namen.**
3. **Schreibe oder male dazu, was für dich zu der Jahreszeit gehört. Vielleicht denkst du an einen Strand, wenn du das Sommerbild siehst? Vielleicht erinnert dich der Herbst ans Drachenfliegen? Vielleicht passen Schnee oder ein Weihnachtsbaum zum Winter?**

 © Verlag an der Ruhr | Autorin: Aline Kurt | ISBN 978-3-8346-4276-9 | www.verlagruhr.de

15. Wie spät ist es?

Darum geht's

Diese Stunde stellt eine Einführungsstunde dar. Deshalb erfolgt hier zunächst nur das Kennenlernen der vollen Stunden, um die Kinder nicht zu überfordern.

Kompetenzerwartungen

Die Kinder …

- lernen die Uhrzeit zur vollen Stunde kennen.
- können Uhrzeiten zur vollen Stunde nennen und anzeigen.

Materialliste

- Bastelvorlage „Lernuhr" (S. 57)
- Kopiervorlage „Uhren-Domino" (S. 58/59)
- Pappe (DIN A3)
- Schere
- Kleber
- Musterklammer
- Arbeitsblatt „Wie spät ist es?" (S. 60)

Das bereiten Sie vor

Kopieren Sie die Bastelvorlage „Lernuhr" auf DIN A3 vergrößert. Kleben Sie die Vorlage auf Pappe und schneiden Sie diese anschließend aus. Fixieren Sie die Zeiger mithilfe einer Musterklammer an der Uhr. Kopieren Sie anschließend die Domino-Vorlage und schneiden Sie diese aus. Kopieren Sie das Arbeitsblatt für jedes Kind

Um die Haltbarkeit der Uhr sowie der Domino-Vorlage zu verlängern, können Sie beides vorab laminieren. Denken Sie jedoch bitte bei den Dominokarten daran, die Ecken abzurunden.

Stundenverlauf

Einstieg

Kommen Sie mit den Kindern im Sitzkreis zusammen. Zeigen Sie ihnen die vorbereitete Uhr. Erklären Sie, dass der große Zeiger bei den vollen Stunden immer auf der Zwölf steht. Der kleine Zeiger zeigt an, welche volle Stunde gerade ist. Stellen Sie verschiedene Uhrzeiten ein und lassen Sie diese von den Kindern benennen. Anschließend nennen Sie Uhrzeiten, die von den Kindern auf der Uhr eingestellt werden.

Arbeitsphase

Verweilen Sie weiterhin gemeinsam im Sitzkreis und spielen Sie gemeinsam Domino.

Abschluss

Sobald die Kinder ihre Plätze wieder eingenommen haben, erhalten sie das Arbeitsblatt. Lesen Sie den Nicht-Leser*innen die Aufgabenstellung bitte vor. Vergleichen Sie abschließend die Arbeitsergebnisse im Plenum.

In den Folgestunden können Sie nach gewisser Festigung auch die anderen Uhrzeiten gemeinsam erarbeiten. In einigen Bundesländern sind die Halb- und Viertelstundentakte sowie die Minutenangaben bereits für Klasse 2 vorgesehen. Bei der Einführung hilft Ihnen wieder unsere Uhrenvorlage. Die können Sie auch an jedes Kind austeilen und das Thema „Uhrzeit" damit gemeinsam vertiefen. Nennen Sie den Kindern eine Uhrzeit und lassen Sie diese auf der Uhr einstellen.

Lernuhr

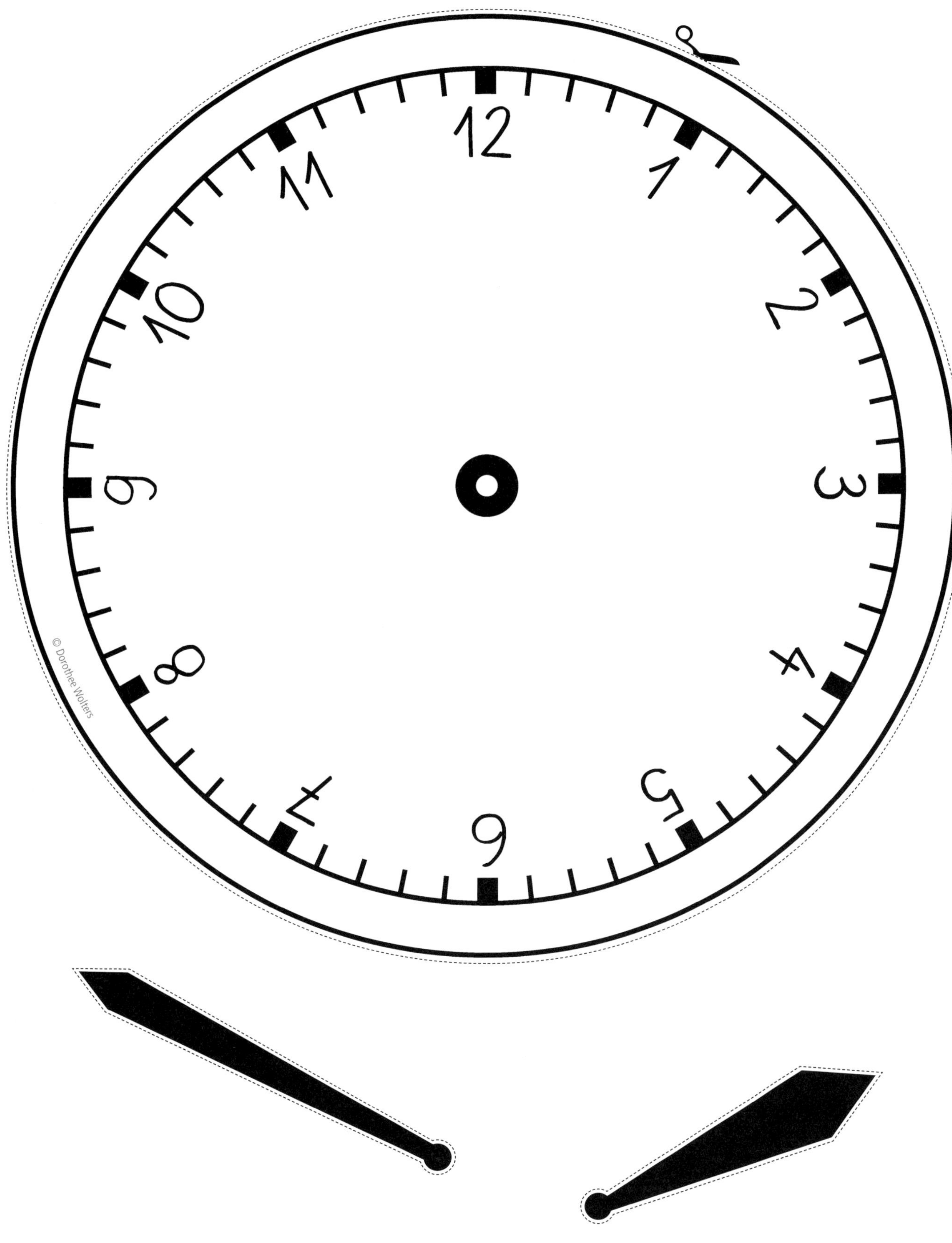

Uhren-Domino (1/2)

Uhren-Domino (2/2)

 © Verlag an der Ruhr | Autorin: Aline Kurt | ISBN 978-3-8346-4276-9 | www.verlagruhr.de

Wie spät ist es?

1. Schreibe die richtigen Uhrzeiten auf die Linie.

2. Male die Zeiger richtig ein.

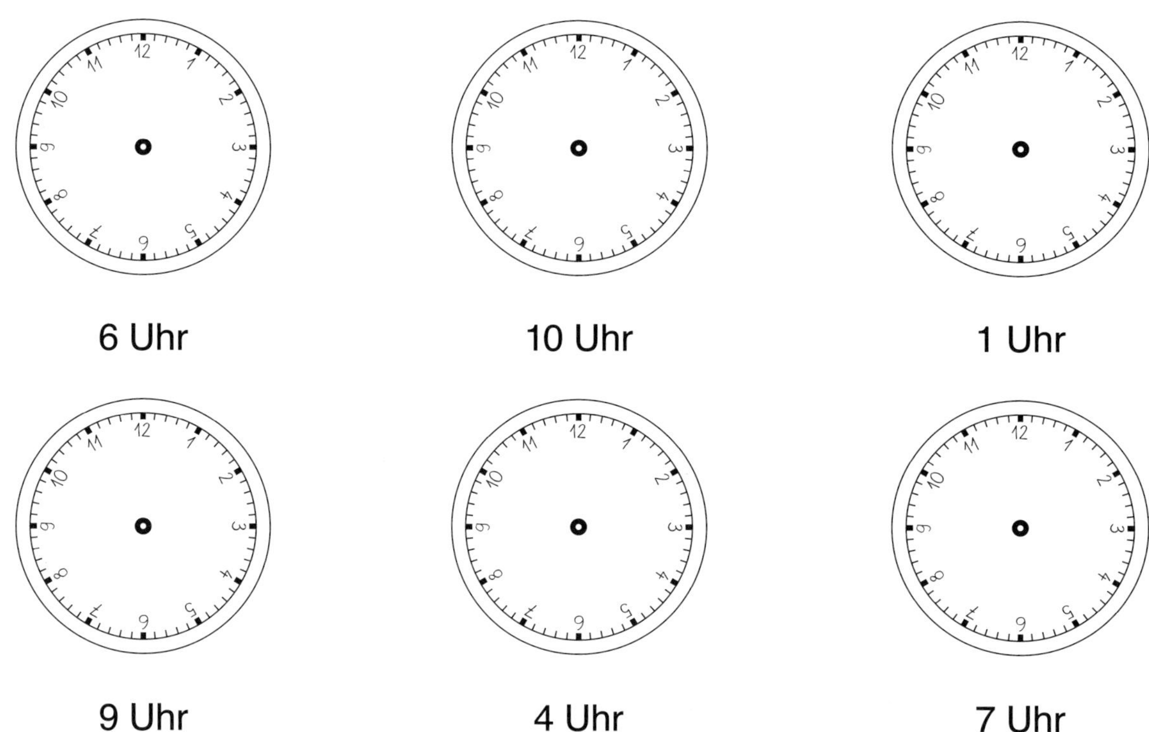

Haustiere

16. Wer kann ein Haustier sein?

Darum geht's

Diese Stunde stellt einen Einstieg in das Thema „Haustiere" dar. Die Kinder setzen sich hier mit ihrem Vorwissen auseinander und erfahren, dass sich nicht alle Tiere gleichermaßen als Haustiere eignen. Dies geschieht mithilfe eines Arbeitsblattes und Sprechtalern. Die Leser*innen nutzen darüberhinaus die Abc-Methode.

Kompetenzerwartungen

Die Kinder ...

- aktivieren ihr Vorwissen und kennen verschiedene Haustiere.
- wissen, dass sich nicht alle Tiere als Haustiere eignen.

Materialliste

- Kopiervorlage „Tier-Abc" (S. 63)
- OHP, Dokumentenkamera o. Ä.
- Arbeitsblatt „Wer kann ein Haustier sein?" (S. 64)
- Kopiervorlage „Sprechtaler" (S. 65)
- Schere für jedes Kind

Das bereiten Sie vor

Kopieren Sie die Abc-Vorlage für jede*n Leser*in. Falls Sie mit einem OHP arbeiten, ziehen Sie ein weiteres Exemplar auf Folie. Das Arbeitsblatt kopieren Sie bitte für jedes Kind. Die Sprechtaler benötigen Sie für jede 3er-Gruppe einmal.

Stundenverlauf

Einstieg

Teilen Sie den Leser*innen die Kopiervorlage „Tier-Abc" aus. Hier tragen die Kinder zunächst alle Tiere ein, die sie kennen. Dabei können zu den einzelnen Buchstaben auch mehrere Tiere gefunden werden und es ist nicht nötig, dass jede Lücke gefüllt wird.

Die Nicht-Leser*innen nutzen bereits für die Einstiegsphase die mitgelieferten Sprechtaler. Teilen Sie die Kinder dazu in 3er-Gruppen ein. Ist dies aufgrund der Anzahl der Kinder nicht möglich, können Sie zusätzlich eine 2er-Gruppe bilden. Jede Gruppe erhält eine Sprechtaler-Vorlage. Diese schneiden die Kinder aus. Sobald jedes Kind drei Taler ausgeschnitten hat, kann es losgehen: Ein Teammitglied legt einen Sprechtaler in die Mitte und nennt ein Tier. Danach ist das nächste Kind an der Reihe. Liegen alle Taler in der Mitte, werden diese wieder an die jeweiligen Kinder zurückgegeben und die Runde beginnt von vorn. Achten Sie darauf, dass hier mindestens drei Durchläufe erfolgen.

Arbeitsphase

Vergleichen Sie zunächst kurz die Ergebnisse im Plenum. Machen Sie die Kinder anschließend darauf aufmerksam, dass sich nicht alle Tiere als Haustiere eignen. Wildtiere, also alle Tiere, die in der freien Natur leben, sollten generell nicht als Haustiere gehalten werden. Dies hat verschiedene Gründe. Zum einen würde es den Tieren in unserer Obhut nicht gut gehen, da wir ihre Bedürfnisse nicht erfüllen können. Zum anderen kann dies gerade bei wilden Tieren auch gefährlich für uns Menschen sein, da sich Wildtiere eben nicht so einfach „zähmen" lassen. Anschließend setzen sich die Schüler*innen gruppenweise zusammen. Jede Gruppe sollte dabei aus drei Kindern bestehen. Alle Kinder erhalten das Arbeitsblatt „Wer kann ein Haustier sein?". Die Leser*innen benötigen darüberhinaus noch die Sprechtaler-Vorlage. Den Nicht-Leser*innen liegen die Taler noch aus der Einstiegsphase vor. Lesen Sie den Nicht-Leser*innen die Aufgabenstellung vor.

Abschluss

Vergleichen Sie abschließend die Arbeitsergebnisse im Plenum.

Tier-Abc

Welche Tiere kennst du? Schreibe sie in die Liste.
Du musst nicht zu jedem Buchstaben ein Tier finden.

A ....

B ....

C ....

D ....

E ....

F ....

G ....

H ....

I ....

J ....

K ....

L ....

M ....

N ....

O ....

P ....

Q ....

R ....

S ....

T ....

U ....

V ....

W ....

X ....

Y ....

Z ....

Wer kann ein Haustier sein?

1. **Welche Tiere können Haustiere sein? Male sie an.**

2. **Suche dir 2 andere Kinder. Sprecht über folgende Fragen.**

   Benutzt dafür die Sprechtaler:
   - ➔ Was weißt du über die Haustiere auf dieser Seite?
   - ➔ Warum können die anderen Tiere auf dieser Seite nicht im Haus leben?

Sprechtaler

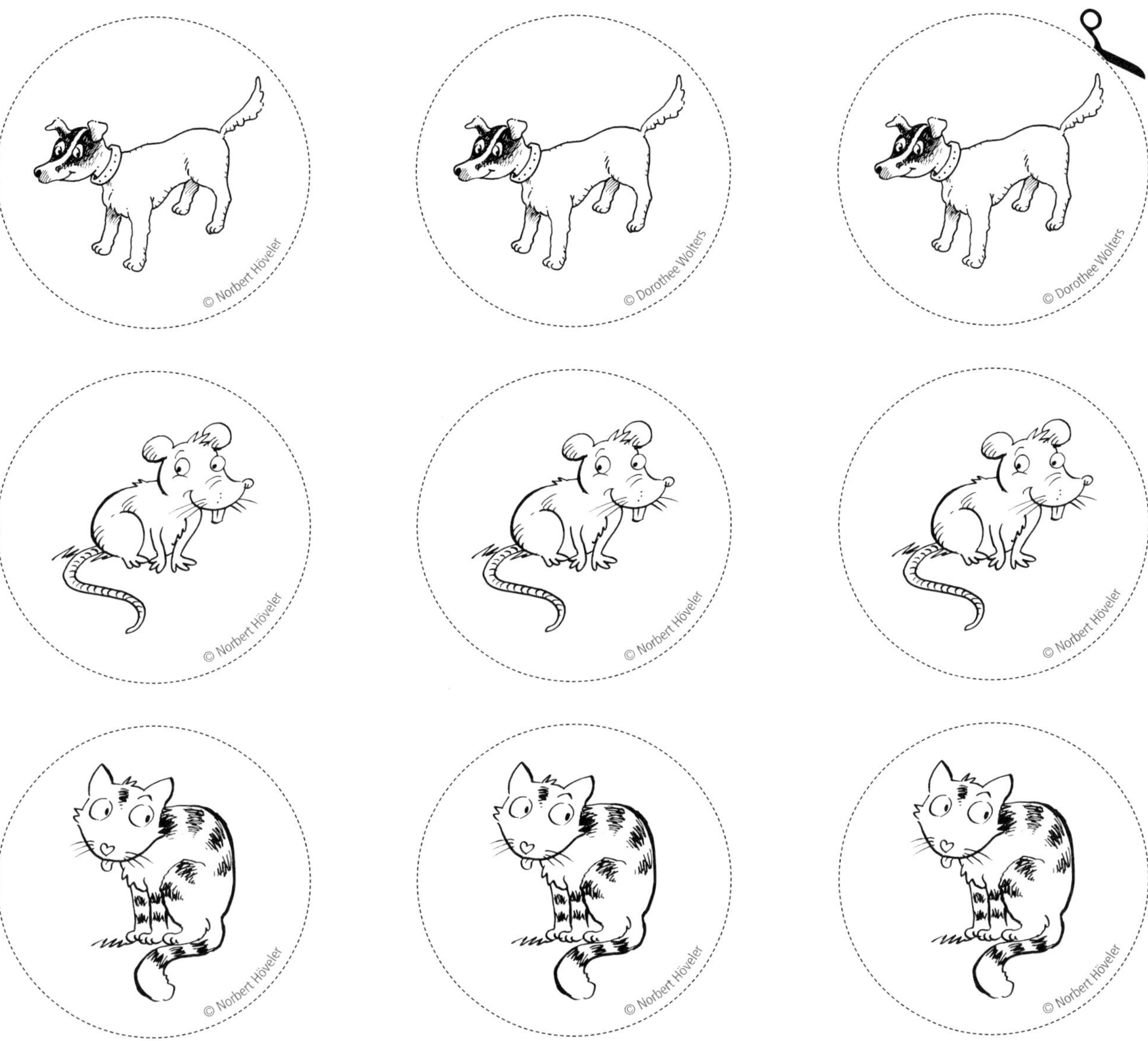

1. **Schneidet die Sprechtaler aus. Alle erhalten 3 gleiche Taler.**
2. **Sprecht nun über die Fragen auf dem Arbeitsblatt.**

   Wer etwas sagen möchte, legt einen Taler in die Mitte und antwortet.

   Wenn alle Taler in der Mitte liegen, könnt ihr die nächste Frage besprechen. Dafür werden die Taler wieder verteilt.

 © Verlag an der Ruhr | Autorin: Aline Kurt | ISBN 978-3-8346-4276-9 | www.verlagruhr.de

17. Hunde

Darum geht's

Hunde gelten als die besten Freunde des Menschen. Aus eigener Erfahrung weiß ich auch, warum dies so ist: Die Vierbeiner vermögen ihre Gefühle, Wünsche und Bedürfnisse ganz offen zum Ausdruck zu bringen und schenken uns ein wundervolles Miteinander und eine tiefe Freundschaft, sofern wir bereit sind, uns mit ganzem Herzen auf sie einzulassen. Doch genau hier ist der Knackpunkt zu sehen: Hunde brauchen viel Geduld, Einfühlungsvermögen und Aufmerksamkeit, um sich in unserer Obhut wohlzufühlen. Neben der richtigen Pflege, den finanziellen Aufwendungen und der artgerechten Auslastung erfordert das Zusammenleben mit einem Hund sehr viel Zeit. Genau dafür möchte die folgende Stunde die Kinder sensibilisieren. Viele Kinder wünschen sich einen Hund, ohne zu reflektieren, dass damit auch Arbeit und Verantwortung verbunden sind. Ziel ist es, den Kindern aufzuzeigen, was ein Hund benötigt, um sich wohl und geborgen zu fühlen. Denn nicht nur Kindern, sondern auch eine Vielzahl der Erwachsenen lebt hier in einer Illusion – oder warum sonst landen allein in den Sommerferien jährlich 50 000 Hunde in einem Tierheim?
Die Kinder hören eine Geschichte zum Einstieg und bearbeiten anschließend ein Arbeitsblatt.

Kompetenzerwartungen

Die Kinder …

- kennen die Bedürfnisse eines Hundes.
- erkennen die Verantwortung, die die Haltung eines Hundes mit sich bringt.

Materialliste

- Arbeitsblatt „Was Hunde brauchen" (S. 68)

Das bereiten Sie vor

Kopieren Sie das Arbeitsblatt „Was Hunde brauchen" für jedes Kind.

Stundenverlauf

Einstieg
Lesen Sie den Kindern die folgende Geschichte vor:

Lara will einen Hund

Seit langer Zeit beobachtet Lara ihre Eltern ganz genau. Sie will den richtigen Zeitpunkt keinesfalls verpassen. Schließlich hat sie seit Langem einen ganz großen Wunsch, den nur ihre Eltern erfüllen können. Mit klopfendem Herzen wartet Lara ab, bis Mama und Papa mit dem Essen fertig sind. Als sie in die zufriedenen Gesichter der beiden blickt, weiß Lara: Jetzt oder nie!

Sie nimmt ihren ganzen Mut zusammen und räuspert sich kurz in der Hoffnung, die unbändige Aufregung möge sich dadurch legen.

„Ihr beide seid ja ganz schön viel beschäftigt und manchmal fühle ich mich deshalb ziemlich einsam", eröffnet Lara das Gespräch.

Mama zieht eine Augenbraue hoch. Das macht sie immer, wenn sie nicht genau weiß, was als Nächstes geschieht.

„Meine Freundin Esma hat von ihren Eltern einen Hund zum Geburtstag bekommen. Damit ist sie so glücklich und der Hund ist auch total süß! Ich hätte auch gern einen Hund", erklärt Lara.

Mama und Papa schauen sich fragend an. Eine gefühlte Ewigkeit lang herrscht Schweigen. Dann bricht es aus Papa heraus: „Weißt du, Spatz, ein Hund braucht ziemlich viel Aufmerksamkeit und Zeit. Er ist ein lebendiges Wesen und kein Spielzeug, das man in eine Ecke stellen kann, wenn man keine Lust darauf hat. Ein Hund muss bei jedem Wetter spazieren gehen. Er braucht Futter und Wasser, sein Fell muss gepflegt werden und jemand muss sich um ihn kümmern. Macht deine Freundin all das allein?", will Papa wissen.

17. Hunde

„Eigentlich macht Esmas Mama das alles", erkärt Lara. „Aber Esma kann dafür ganz viel mit dem Hund spielen und ihn streicheln!"

Mama hat eine Idee: „Was hältst du denn davon, wenn du in den Ferien mal eine Woche Urlaub bei deiner Tante machst? Sie hat doch einen Hund. Da könntest du mal schauen, ob du wirklich bereit bist, dich um einen Hund zu kümmern."

Lara ist ziemlich enttäuscht. Irgendwie hat sie gehofft, dass Mama und Papa ihr einfach sofort einen Hund kaufen. Schließlich ist es ja ihr Herzenswunsch. Doch jetzt soll sie stattdessen so blöde Sachen machen. Da hat Lara ja irgendwie gar keine Lust drauf. Ihre Tante steht immer in aller Frühe auf, um mit ihrem Hund spazieren zu gehen. Wenn es regnet, wird sie dabei pitschnass und an kalten Tagen friert sie, nur damit der Hund draußen rumlaufen kann. Außerdem fliegt ihre Tante nie in den Urlaub, weil der Hund dann nicht versorgt ist. Bei Familienfeiern ist Laras Tante immer die Erste, die nach Hause geht, weil sie den Hund nicht so lange allein lassen will … Und sowieso und überhaupt dreht sich in Tante Evelyns Leben so ziemlich alles um den Hund. Ständig achtet die Tante darauf, dass der Hund sich brav benimmt, und bringt ihm verschiedene Sachen bei. Ob Lara das wirklich will?

Nutzen Sie im Anschluss die folgenden Fragen und Impulse zur Besprechung des Gehörten:

- *Warum möchte Lara einen Hund?*
- *Wie stellt sie sich das Leben mit einem Hund vor?*
- *Was erzählt Papa Lara über Hunde? Was meint er damit?*
- *Welche Idee hat Laras Mama? Wie denkst du über die Idee?*
- *Was weißt du über Hunde?*
- *Kennst du jemanden, der einen Hund hat?*
- *Was muss der- oder diejenige alles für und mit dem Hund machen?*
- *Was brauchen Hunde alles, um sich wohlzufühlen? (Futter, Wasser, einen Platz, Zuwendung, Pflege, Bewegung, Auslastung, Sozialkontakte etc.)*

Arbeitsphase

Teilen Sie den Kindern das Arbeitsblatt „Was Hunde brauchen" aus. Lesen Sie den Nicht-Leser*innen den Kurztext sowie die Aufgabenstellung vor.
Die Kinder malen alle Bilder, auf denen richtige Verhaltensweisen im Umgang mit Hunden dargestellt sind, an. Anschließend malen sie fehlende Aspekte, die zur artgerechten Haltung zählen, in die freien Felder. (z. B. Futter/Wasser; Hund beim Spaziergang; Hund, dem etwas beigebracht wird …)

Abschluss

Vergleichen Sie zunächst die Arbeitsergebnisse im Plenum. Gehen Sie anschließend noch einmal auf den Inhalt der Einstiegsgeschichte ein:

- *Was denkst du: Wie wird sich Lara entscheiden?*
- *Was würdest du an ihrer Stelle machen?*
- *Wärst du bereit, dich so um einen Hund zu kümmern?*
- *Was denkst du: Wie fühlt sich ein Hund, wenn sich niemand um ihn kümmert?*

Auf Seite 73–77 finden Sie eine Stunde zum Thema „Hunde- und Katzensprache". Diese können Sie auch direkt im Anschluss durchführen.

Was Hunde brauchen

Hunde brauchen Bewegung. Hunde brauchen Liebe.
Um Hunde muss man sich kümmern. Sie haben Hunger und Durst.
Hunde wollen auch gern spielen.

1. Was brauchen Hunde? Male an.

**2. Was brauchen Hunde noch?
Male oder schreibe in die leeren Kästchen.**

Katzen

Darum geht's

Katzen gelten allgemeinhin als vergleichsweise anspruchslose Haustiere. Dies mag vor allem in ihrer Eigenständigkeit begründet sein. Dennoch gibt es eine Menge Aspekte, die bei der Haltung einer Katze berücksichtigt werden müssen. Da es sich hier um eine Einführungsstunde handelt, werden vor allem die offensichtlichen Bedürfnisse aufgegriffen. Dies geschieht mithilfe der mitgelieferten Bildvorlagen. Zur Festigung gestalten die Kinder anschließend ein Lapbook.

Kompetenzerwartungen

Die Kinder …

- setzen sich mit den Bedürfnissen von Katzen auseinander.
- erkennen die Verantwortung, die die Haltung einer Katze mit sich bringt.

Materialliste

- Bildvorlage „Was Katzen brauchen" (S. 70/71)
- Kopiervorlage „Mein Katzen-Lapbook" (S. 72)
- Klebefilm

Für jedes Kind:

- Sitzkissen
- Schere
- Klebestift
- buntes Papier
- Buntstifte

Das bereiten Sie vor

Kopieren Sie die Bildvorlagen „Was Katzen brauchen" und schneiden Sie die Bilder bitte aus. Kopieren Sie die Vorlage „Mein Katzen-Lapbook" auf DIN A3 vergrößert für jedes Kind.

Stundenverlauf

Einstieg

Legen Sie die Kissen im Halbkreis aus und nehmen Sie mit den Kindern darauf Platz. Die vorbereiteten Bildvorlagen liegen gut sichtbar auf dem Boden. Nachdem die Schüler*innen diese zunächst eine Weile betrachtet haben, erzählen Sie ihnen, dass Sie sich heute mit dem Thema „Katzen" beschäftigen möchten und gemeinsam herausfinden wollen, was Katzen brauchen. Gehen Sie dazu die einzelnen Bilder gemeinsam durch:

- *Was siehst du auf dem Bild?*
- *Was glaubst du: Warum braucht eine Katze das?*

Arbeitsphase

Sobald die Kinder ihre Plätze wieder eingenommen haben, erhalten sie die vergrößerte Lapbook-Vorlage sowie die benötigten Bastelutensilien. Die Kinder schneiden die Vorlage aus und knicken sie an den Markierungspunkten. Nun malen oder schreiben sie, je nach Stand des Schriftspracherwerbs, alles in ihr Lapbook, was eine Katze braucht, um ein gutes und glückliches Leben zu führen. Wem der Platz nicht reicht, nimmt zusätzliches farbiges Papier und klebt es als Erweiterung in das Lapbook. Währenddessen heften Sie bitte die Bildvorlagen mit Klebefilm gut sichtbar an die Tafel. So können die Kinder sich noch einmal etwas Input holen, falls der ein oder andere Aspekt in Vergessenheit geraten ist.

Abschluss

Zum Schluss dürfen die Kinder ihre Ergebnisse im Plenum präsentieren.

Besonders spannend ist es, wenn sie anschließend die Bedürfnisse von Hunden (S. 66–68) mit den Bedürfnissen der Katzen vergleichen.

Was Katzen brauchen (1/2)

© Dorothee Wolters

© Dorothee Wolters

© Dorothee Wolters

 © Verlag an der Ruhr | Autorin: Aline Kurt | ISBN 978-3-8346-4276-9 | www.verlagruhr.de

Was Katzen brauchen (2/2)

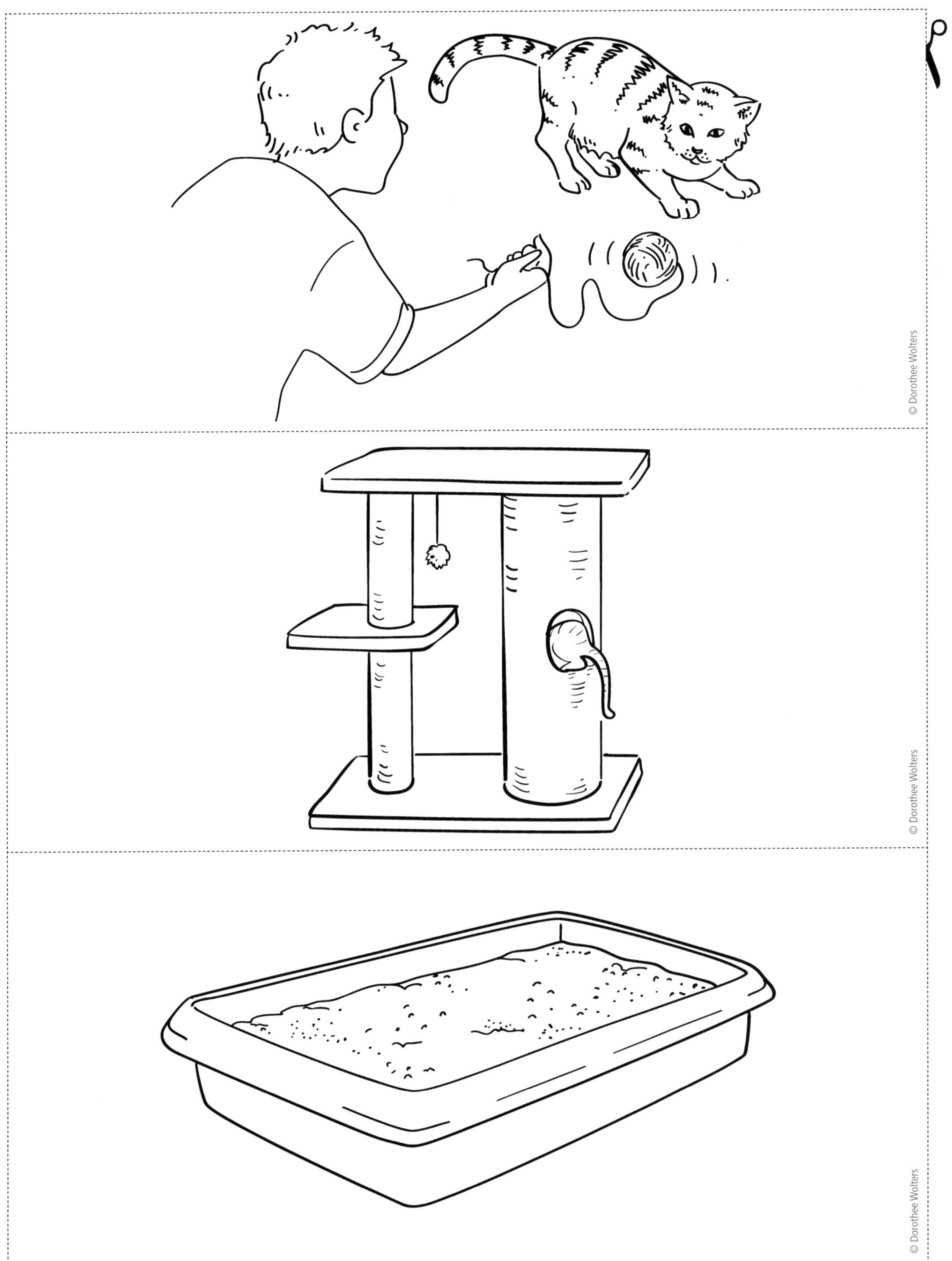

 © Verlag an der Ruhr | Autorin: Aline Kurt | ISBN 978-3-8346-4276-9 | www.verlagruhr.de

Mein Katzen-Lapbook

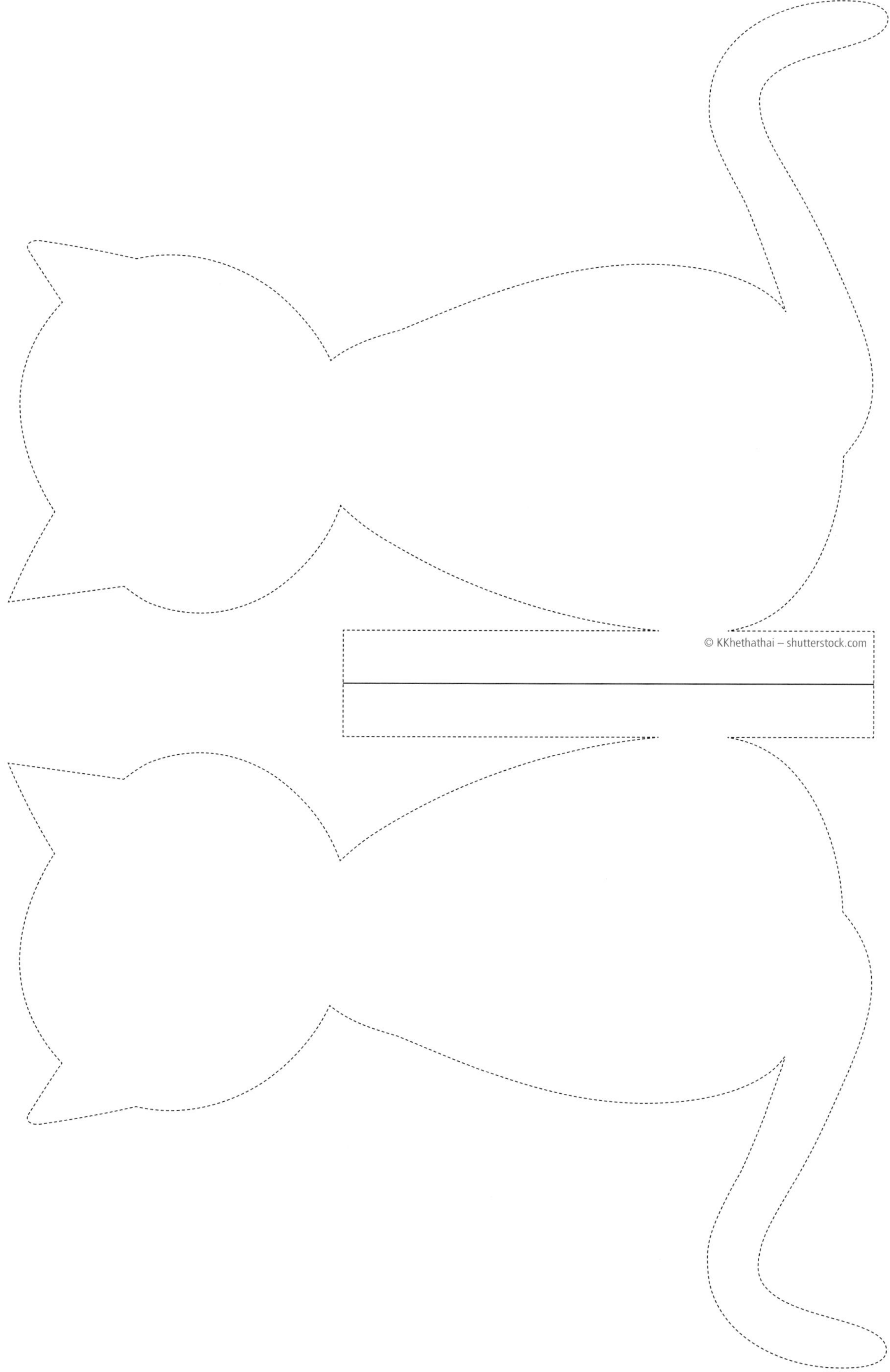

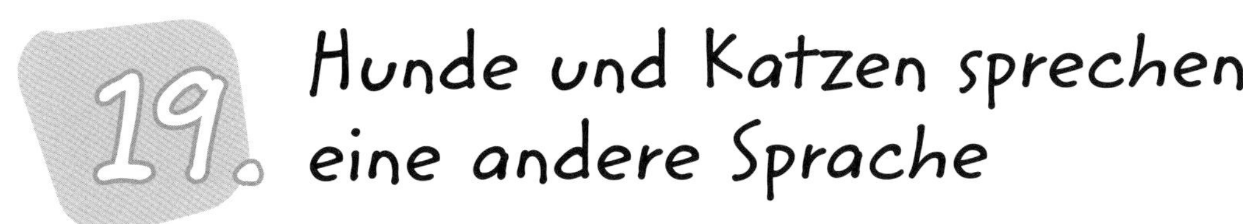

19. Hunde und Katzen sprechen eine andere Sprache

Darum geht's

In dieser Stunde beschäftigen sich die Schüler*innen gruppenweise mit dem Ausdrucksverhalten von Hunden und Katzen. Abschließend präsentieren beide Gruppen dann ihre Ergebnisse, sodass zum Schluss alle Kinder einen Einblick gewinnen können.

Kompetenzerwartungen

Die Kinder ...

- lernen körper- und lautsprachliche Elemente der Hunde- sowie Katzensprache kennen.
- können die verschiedenen Elemente unterscheiden.

Materialliste

- Lesetext und Arbeitsblatt„Hundesprache" (S. 74/75)
- Lesetext und Arbeitsblatt „Katzensprache" (S. 76/77)

Für die Nicht-Leser*innen:

- OHP, Dokumentenkamera o. Ä.
- 2 Kopierfolien

Das bereiten Sie vor

Kopieren Sie alle Lesetexte und Arbeitsblätter für die Leser*innen jeweils im halben Klassensatz.
Falls Sie mit einem OHP arbeiten, ziehen Sie die beiden Lesetexte für die Durchführung mit den Nicht-Leser*innen auf Folie.

Stundenverlauf

Einstieg

Notieren Sie die folgenden Sätze gut lesbar an der Tafel:

- Ich fühle mich wohl.
- Ich habe Angst.
- Ich fühle mich bedroht.
- Ich bin aufgeregt.

Bitten Sie nun ein Kind, auf freiwilliger Basis den ersten Satz vorzulesen. Überlegen Sie gemeinsam, was damit gemeint ist. Anschließend darf ein Kind in das Gefühl des Wohlbefindens eintauchen, indem es sich dies vorstellt. Die anderen Kinder achten dabei auf die Körpersprache. Anschließend darf ein anderes Kind in das Wohlbefinden eintauchen. Überlegen Sie gemeinsam, woran sieht man, dass sich jemand wohlfühlt.
Verfahren Sie auf diese Weise mit allen vier Sätzen.

Arbeitsphase

Erzählen Sie den Kindern, dass nicht nur Menschen Gefühle haben, sondern auch Tiere. Wie sie diese zum Ausdruck bringen, wollen sie nun gemeinsam herausfinden. Teilen Sie die Klasse dazu in zwei möglichst gleich große Gruppen ein. Eine Gruppe beschäftigt sich nun mit der Hundesprache, die andere Gruppe untersucht das Thema Katzensprache. Teilen Sie allen Gruppenmitgliedern den jeweiligen Lesetext und das zugehörige Arbeitsblatt aus. Mit den Nicht-Leser*innen erarbeiten Sie das Thema bitte im Plenum. Legen Sie die jeweilige Folie auf. Lesen Sie den zugehörigen Text vor und betrachten Sie gemeinsam die Bilder. Hier können die Kinder zunächst überlegen, was die Katze/der Hund sagen möchte.

Abschluss

Geben Sie beiden Gruppen abschließend ausreichend Zeit, ihre Arbeitsergebnisse zu präsentieren.
Die Nicht-Leser*innen spielen zum Abschluss ein Spiel. Hier nennen Sie ein Gefühl und eines der Tiere. Die Kinder machen dann die Katzen- bzw. Hundesprache nach.

Hundesprache (1/2)

Hunde sprechen vor allem mit ihrem Körper. Sie benutzen aber auch Töne.

Hunde bellen, wenn sie aufgeregt sind, aber auch vor Freude, wenn sie vor etwas warnen wollen oder wütend sind.

Hunde können auch winseln und jaulen. Sie winseln zum Beispiel, wenn sie Schmerzen haben. Ein Hund jault, wenn ihm etwas nicht gefällt.

Wenn ein Hund neugierig ist oder sich sehr freut, springt er manchmal hoch.

Wenn ein Hund sanft mit dem Schwanz wedelt, freut er sich. Sein Körper ist entspannt.

Hunde wedeln auch vor Aufregung mit dem Schwanz. Wenn sie dabei angespannt wirken, sollte man sie besser in Ruhe lassen.

Auch Hunde können Angst haben. Dann machen sie sich oft klein. Der Schwanz ist dabei eingeklemmt.

Hunde fletschen die Zähne, um andere zu warnen. Das heißt: Komm mir jetzt bloß nicht zu nahe.

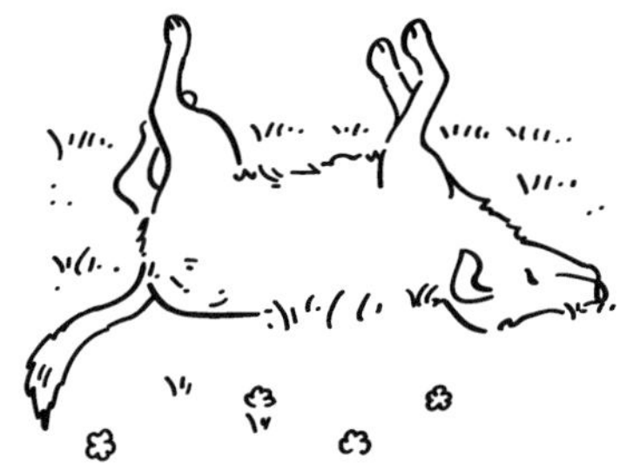

Wenn sich ein Hund richtig wohl fühlt, wälzt er sich im Gras. Manche Hunde wälzen sich auch gern in Dreck.

Hunde erheben ihren Schwanz, um zu imponieren. Sie stehen dann breitbeinig da.

Hundesprache (2/2)

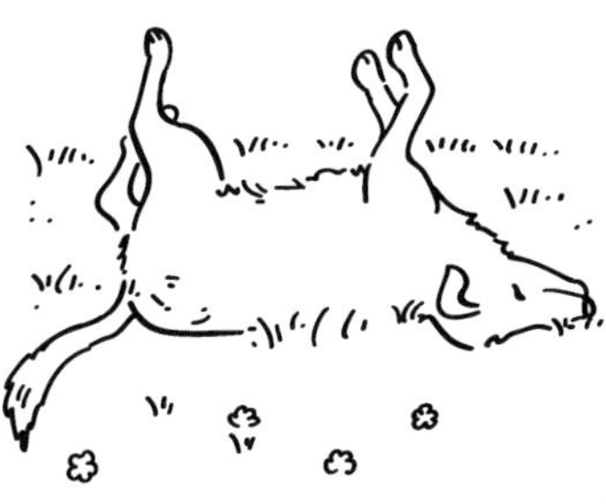

1. **Welche Laute benutzen Hunde?**
   Erkläre in deinen Worten.

2. **Schaue dir die Bilder an. Was wollen die Hunde hier sagen? Schreibe es in deinen Worten auf die Linien.**

3. **Überlege mit deiner Gruppe:**
   Was können wir den anderen Kindern über die Hundesprache erzählen? Macht euch Notizen.

Katzensprache (1/2)

Katzen sprechen vor allem mit ihrem Körper. Sie benutzen aber auch Töne.

Katzen miauen, wenn sie Aufmerksamkeit möchten oder wenn der Mensch etwas für sie machen soll.

Wenn Katzen sich bedroht fühlen oder wütend sind, fauchen sie.

Wenn sich Katzen besonders wohl fühlen, dann schnurren sie.

Wenn Katzen aufgeregt sind, wedeln sie mit dem Schwanz.

Wenn sich Katzen freuen, jemanden zu sehen, laufen sie mit erhobenem Schwanz auf ihn zu.

Auch Katzen können Angst haben. Dann ducken sie sich und machen sich ganz klein.

Katzen können auch drohen. Dann sträuben sie ihr Fell, um größer zu wirken. Ihr Schwanz ist ebenfalls gesträubt.

Katzen benutzen auch die Pfote zum Drohen. Sie kneifen ihre Augen zusammen. Die Ohren legen sie zur Seite.

Katzen sträuben auch ihr Fell, wenn sie sich erschrecken. Dann zeigt ihr Schwanz nach unten.

Wenn Katzen entspannt sind, rollen sie sich meistens zusammen. So schlafen Katzen besonders gerne.

© Verlag an der Ruhr | Autorin: Aline Kurt | ISBN 978-3-8346-4276-9 | www.verlagruhr.de | Illustrationen: © Dorothee Wolters

Katzensprache (2/2)

1. **Welche Laute benutzen Katzen?**
   Erkläre in deinen Worten.

2. **Schaue dir die Bilder an. Was wollen die Katzen hier sagen? Schreibe es in deinen Worten auf die Linien.**

3. **Überlege mit deiner Gruppe:**
   Was können wir den anderen Kindern über die Katzensprache erzählen? Macht euch Notizen.

20. Wellensittiche

Darum geht's

Wussten Sie, dass Wellensittiche ursprünglich in Australien beheimatet sind? Dort ziehen die wunderschönen Vögel in riesigen Schwärmen umher. Da stellt sich vielleicht die Frage: Ist es wirklich artgerecht, einen Wellensittich ganz allein in einem Käfig zu halten? Wenn Sie ebenfalls über diese Frage nachdenken, dürfte Ihnen die folgende Unterrichtsstunde gefallen. Hier setzen sich die Kinder nämlich mit dem Gedanken auseinander, wie Wellensittichen das Leben als Haustier so angenehm wie möglich gemacht werden kann. Unterstützung bekommen Sie dabei von einer Bildvorlage und einer Anleitung zum Basteln eines Filz-Wellensittichs, mit dem die Schüler*innen den artgerechten Umgang üben können. Mir ist natürlich bewusst, dass die üppige Materialliste Sie auf den ersten Blick abschrecken könnte. Doch seien Sie sich bitte bewusst, dass sich der Aufwand wirklich lohnt.

Kompetenzerwartungen

Die Kinder …

- gewinnen Einblick in die Lebensgewohnheit frei lebender Wellensittiche.
- denken darüber nach, wie Wellensittichen das Leben als Haustier möglichst angenehm gestaltet werden kann.

Materialliste

- Bildvorlage „Wellensittiche" (S. 106)
  Achtung, diese **farbige Bildvorlage** finden Sie hinten in diesem Buch!
- Bastelanleitung „Mein Wellensittich" (S. 80)
- Samen (Amaranth, Quinoa, Sesam)
- Körner (Hirse)
- Getreide (Dinkel, Gerste, Hafer)
- Küchenkräuter
- Apfel
- Birne
- Karotten
- Salatgurke

Für jedes Kind:

- Filz (DIN A4)
- Kreide
- Schere
- Bastelkleber
- Watte

Für jede Kleingruppe:

- DIN A3-Papier
- Stifte

Das bereiten Sie vor

Kopieren Sie ggf. die Bildvorlage „Wellensittiche" (zu finden hinten in diesem Buch auf S. 106).
Für jedes Kind benötigen Sie eine Kopie der Bastelvorlage „Mein Wellensittich".

Stundenverlauf

Einstieg

Kommen Sie mit den Kindern im Sitzkreis zusammen. Betrachten Sie gemeinsam die Bildvorlage, indem Sie die Kinder durch sanfte Impulse anleiten:

- *Was siehst du auf dem Bild?*
- *Kannst du zählen, wie viele Vögel hier zu sehen sind?*
- *Weißt du, wie die Vögel heißen? (Wellensittiche)*
- *Was, glaubst du, machen die Vögel hier?*
- *Was denkst du: Wie fühlen sie sich, wenn sie hinfliegen können, wo immer sie hinwollen?*
- *Hast du eine Idee, warum sie in so einer großen Gruppe, die man übrigens Schwarm nennt, zusammenleben?*

20. Wellensittiche

Arbeitsphase

Verweilen Sie weiterhin gemeinsam im Sitzkreis.
Erzählen Sie den Kindern:
Wellensittiche leben in freier Wildbahn in Australien. Auf der Suche nach Nahrung fliegen sie in großen Schwärmen umher. Diese wilden Wellensittiche sind grün und haben einen gelben Kopf.
Wir Menschen halten diese Vögel auch gern als Haustiere. Da Wellensittiche keine Einzelgänger sind, sollte man sie niemals allein halten. Doch auch, wenn sie Gesellschaft von anderen Wellensittichen haben, ist es wichtig, dass sie genügend Beschäftigung haben. Sie sollten täglich in der Wohnung fliegen dürfen und brauchen auch in ihrem Käfig Beschäftigungsmöglichkeiten wie eine Stange und Klettergerüste. Auch Schaukeln finden Wellensittiche gut.

Anschließend können die Kinder noch einmal mit eigenen Worten beschreiben, wie den Vögeln das Leben als Haustier so angenehm wie möglich gemacht werden kann.

Zeigen Sie den Schüler*innen nun die mitgebrachten Nahrungsmittel. Betrachten Sie diese gemeinsam und lassen Sie die Kinder die Körner und Samen berühren und ganzheitlich erfassen. Benennen Sie diese anschließend. Das Obst und Gemüse kann später von den Kindern gegessen werden; mit den Körnern und Samen lassen sich auch Wildvögel draußen füttern. Hier kann den Kindern noch erklärt werden, dass auch einheimische Vögel diese Nahrungsmittel gern mögen.

Sobald alle wieder ihre Plätze eingenommen haben, erhalten die Kinder die Bastelmaterialien sowie die Bastelvorlage. Nennen Sie den Schüler*innen die einzelnen Bastelschritte:
1. Schneide die Bastelvorlage aus.
2. Knicke den Filz in der Mitte.
3. Lege die Bastelvorlage darauf.
4. Fahre die Umrisse mit Kreide nach.
5. Schneide den Vogel aus. Nun hast du zwei Filzvögel.
6. Klebe die Filzstücke an einer Seite zusammen.
7. Fülle den Vogel mit Watte aus.
8. Klebe zum Schluss den Rest zusammen.

Wer fertig ist, sucht sich weitere Mitschüler*innen, die ebenfalls schon ihren Wellensittich gebastelt haben. Zusammen malen oder notieren die Kinder auf einem gemeinsamen DIN-A3-Blatt, was der Wellensittich für ein gutes Leben braucht (z. B. Nahrung, Spielzeug, Artgenossinnen und Artgenossen …).

Abschluss

Zum Schluss können Sie mit den Wellensittichen und den Beschäftigungutensilien Ihren Klassenraum verschönern.

 Wellensittiche: © Dorothee Wolters

Mein Wellensittich

© Verlag an der Ruhr | Autorin: Aline Kurt | ISBN 978-3-8346-4276-9 | www.verlagruhr.de

Bäume

21. Mit dem Baum per Du

Darum geht's

Hand aufs Herz: Gehen Sie stets mit offenen Augen durch die Natur oder passiert es Ihnen häufig, dass Sie völlig in Ihre Gedanken versunken sind? Geht es Ihnen oft so wie mir und Sie können nicht sagen, welche Bäume Sie gerade eben gesehen haben? Dann dürfte die folgende Stunde Ihnen dabei helfen, den Bäumen einmal ganz bewusst Ihre Aufmerksamkeit zu schenken, denn eines ist sicher: Bäume sind ziemlich cool.
Begeben Sie sich mit den Kindern im wahrsten Sinne des Wortes auf eine Reise, bei der Sie mit den Bäumen per Du werden.
Unterstützung bietet ihnen dabei ein Forscherbogen, der die Kinder dazu anleitetet, sich einmal ganz bewusst mit einem Baum ihrer Wahl auseinanderzusetzen.

Kompetenzerwartungen

Die Kinder …

- setzen sich ganzheitlich mit Bäumen auseinander.
- entwickeln ein Bewusstsein für die unterschiedlichen Baumarten und deren Aussehen.

Materialliste

- Baumbestimmungsbuch (optional)

Für jedes Kind:

- Forscherbogen „Mein Baum und ich" (S. 84)
- Klemmbrett (oder andere Schreibunterlage)
- Stifte
- Kleber
- Stoffbeutel

Einen Stoffbeutel kann sich auch jedes Kind vorab mitbringen. Zur Not kann auch der Turnbeutel einmal für das Vorhaben zweckentfremdet werden.

Das bereiten Sie vor

Wählen Sie vorab im Freien einen Ort aus, an dem sich möglichst viele unterschiedliche Bäume befinden. Achten Sie darauf, dass die Bäume gut zugänglich sind und relativ nah beieinanderstehen. Sollten Sie hierfür später mit den Kindern das Schulgelände verlassen müssen, denken Sie bitte evtl. an eine Einverständniserklärung der Schulleitung bzw. der Eltern. Kopieren Sie vor Stundenbeginn den Forscherbogen (S. 84) für jedes Kind.

Stundenverlauf

Einstieg

Statten Sie jedes Kind mit einem Stoffbeutel aus. Darin verstauen die Schüler*innen die benötigten Utensilien für ihre Baumerkundungstour.
Machen Sie sich nun gemeinsam auf den Weg zu ihrem Ausflugsziel. Sollten Sie einen längeren Fußweg vor sich haben, können Sie diesen bereits dafür nutzen, mit den Kindern Verhaltensregeln in der Natur zu erarbeiten, wie: keine Pflanzen beschädigen, keine Tiere verschrecken oder gar quälen, den Müll mitnehmen usw.

Sobald Sie an den Bäumen angekommen sind, stellen sich alle zunächst einmal in einigem Abstand zu den Bäumen auf und lassen diese auf sich wirken.
Unterstützend wirken dabei Fragen wie:

- *Wie fühlst du dich an diesem Ort?*
- *Was denkst du, wenn du all die Bäume siehst?*
- *Was nimmst du um dich herum wahr?*
- *Was siehst du an den Bäumen? (Baumstamm/Äste/Blätter oder Nadeln)*

21. Mit dem Baum per Du

Arbeitsphase

Jedes Kind wählt nun einen Lieblingsbaum aus und untersucht diesen mithilfe des Forscherbogens. Da eventuell nicht für jedes Kind ein eigener Baum zur Verfügung steht, können Sie die Kinder auch paarweise zu ihrem Baum ausschwirren lassen.
Den Nicht-Leser*innen müssen Sie an dieser Stelle bitte die Aufgabenstellung vorlesen. Den Namen des Baumes schlagen die Kinder gemeinsam mit Ihnen im Baumbestimmungsbuch nach oder Sie nennen ihnen diesen. Da viele Bäume recht hoch werden, brauchen die Kinder Ihre Hilfe, wenn sie die Blätter untersuchen möchten und ein Blatt in ihren Forscherbogen einkleben wollen. Führen Sie die Stunde im Herbst durch, dann können hier selbstverständlich auch bereits gefallene Blätter verwendet werden. Haben die Kinder einen Nadelbaum auserkoren, so kleben sie eine Nadel ein.

Abschluss

Den Abschluss bildet die Präsentation der Arbeitsergebnisse. Hier dürfen die Kinder ihren Baum im Plenum vorstellen. Eventuell benötigen Sie hierfür etwas mehr Zeit. Wichtig wäre jedoch schon, dass jede*r die Gelegenheit dazu erhält.

Schön ist es natürlich, wenn die Kinder auch die Erde bzw. den Boden näher untersuchen dürfen, in dem der Baum verwurzelt ist. Die Folgestunde beschäftigt sich nämlich mit dem Aufbau des Baumes. Haben die Kinder schon einmal live erlebt, dass die Wurzeln gar nicht sichtbar sind, sondern sich tief unter der Erde befinden, fördern Sie hier das Verständnis.

 Birke: © Dorothee Wolters

Mein Baum und ich

So heißt mein Baum:

....

So sieht seine Rinde aus:

So sehen seine Blätter / Nadeln aus:

Das fällt mir an meinem Baum auf …

....

....

Mein Baum riecht wie:

....

So fühlt sich mein Baum an:

....

....

Ich mag an meinem Baum …

....

....

22. Auch Bäume haben Durst

Darum geht's

In dieser Stunde beschäftigen sich die Schüler*innen anhand eines Versuchs und eines Arbeitsblatts mit der Wasserleitung in Bäumen. Die Wasserversorgung wird dabei stark vereinfacht dargestellt, um die Kinder nicht zu überfordern.

Kompetenzerwartungen

Die Kinder …

- kennen die Baumteile und können diese benennen.
- wissen, dass Bäume Wasser benötigen und wie dieses in den Baum hineingelangt.

Materialliste

- Bildvorlage „Wurzel, Stamm und Krone" (S. 107) Achtung, diese **farbige Bildvorlage** finden Sie hinten in diesem Buch!
- Arbeitsblatt „Der Baum" (S. 86)
- Vase
- 2 Tuben blaue oder rote Lebensmittelfarbe (alternativ Tinte)
- 2 Stangen Staudensellerie
- Schneidebrett
- Messer

Für jedes Kind:

- Sitzkissen
- Schere
- Kleber

Das bereiten Sie vor

Kopieren Sie ggf. die Bildvorlage (zu finden hinten in diesem Buch auf S. 107). Für jedes Kind benötigen Sie eine Kopie des Arbeitsblattes.

Füllen Sie einige Stunden vor Durchführung der Unterrichtsstunde Wasser in die Vase. Lösen Sie darin die Lebensmittelfarbe und stellen Sie eine der beiden Selleriestangen hinein. Lassen Sie dabei bitte die Blätter am oberen Teil des Stängels stehen. Sie können dies auch gemeinsam mit den Kindern durchführen.

Stundenverlauf

Einstieg

Arrangieren Sie die Kissen zu einem Halbkreis. Wenn alle Platz genommen haben, betrachten sie gemeinsam die Bildvorlage. Zeigen Sie auf die einzelnen Teile des Baums (Wurzeln/Stamm/Krone) und fragen Sie:

- *Was siehst du hier?*
- *Weißt du, wie man diesen Teil vom Baum nennt?*

Arbeitsphase

Verweilen Sie im Sitzkreis. Zeigen Sie noch einmal auf die Bildvorlage und erzählen Sie:

Bäume benötigen Wasser, um zu leben. Manche Bäume trinken im Sommer 100 Liter Wasser am Tag. Das ist eine ganz schön große Menge, nämlich zehn Putzeimer voll. Hast du eine Idee, wie das Wasser in den Baum kommt? Nachdem die Kinder Vermutungen angestellt haben, zeigen Sie ihnen die beiden Selleriestangen, mit dem Hinweis, dass diese gut aufzeigen, wie das Wasser in den Baum gelangt: Über die Wurzeln nimmt der Baum das Wasser aus der Erde auf. Er zieht es durch den Baumstamm nach oben bis in die Blätter.

Überschüssiges Wasser kann hier verdunsten. Schneiden Sie zur Verdeutlichung beide Stangen auf. Die Stange, die im bunten Wasser stand, ist nun im Inneren Rot gefärbt. Hier können die Kinder die Wasserkanäle gut erkennen.

Abschluss

Zum Abschluss erhalten die Kinder das Arbeitsblatt. Die Ergebniskontrolle erfolgt im Plenum.

Der Baum

1. **Wie heißen die Baumteile? Schneide die Wortkärtchen aus. Klebe sie an die richtige Stelle.**
2. **Wie gelangt Wasser in den Baum? Zeichne den Weg mit einem blauen Stift ein.**

23. Eiche, Kastanie und Co.

Darum geht's

In dieser Stunde lernen die Kinder folgende ausgewählte Laubbäume kennen: Eiche, Kastanie, Buche, Ahorn und Birke. Den Einstieg bildet dabei ein Dominospiel, dass die Kinder paarweise spielen, bevor sie anschließend ein Minibuch basteln.

Kompetenzerwartungen

Die Kinder …
kennen vier Laubbäume und deren Früchte.

Materialliste

- Dominovorlage „Laubbäume und ihre Früchte" (S. 88/89)
- Anleitung und Kopiervorlage „Mein Baum-Minibuch" (S. 90/91)
- evtl. OHP, Dokumentenkamera o. Ä.

Für jedes Kind:
- Sitzkissen
- Schere
- Kleber

Das bereiten Sie vor

Kopieren Sie die Dominovorlagen im halben Klassensatz und auf DIN A3 vergrößert. Die Kopiervorlage „Mein Baum-Minibuch" benötigen Sie für jedes Kind. Die passende Anleitung können Sie mit OHP oder Dokumentenkamera präsentieren oder Sie kopieren sie für jede*n Leser*in.

Stundenverlauf

Einstieg
Teilen Sie die Kinder in Paare ein. Jedes Paar erhält die vorbereitete Dominovorlage. Die Kinder schneiden die Bilder aus, mischen die Karten und setzen sie richtig zusammen. Sobald das allen Paaren gelungen ist, besprechen Sie das Bildmaterial gemeinsam. Dabei helfen Ihnen die folgenden Fragen:

- *Wie heißt der Baum im 1./2./… Bild?*
- *Wie sieht der Baum aus?*
- *Was ist daran besonders auffällig?*
- *Wie sehen die Blätter aus?*
- *Wie sehen seine Früchte aus?*
- *Wie heißen die Früchte?*
- *Hast du so einen Baum/solche Früchte schon einmal gesehen?*

Machen Sie die Kinder an dieser Stelle bitte darauf aufmerksam, dass es sich hier um keine „echten", essbaren Früchte handelt. Bucheckern sind zwar essbar, die übrigen Baumfrüchte hingegen nicht.

Arbeitsphase
Teilen Sie jedem Kind die Minibuch-Vorlage und ggf. die Anleitung aus. Den Nicht-Leser*innen lesen Sie die Anleitung vor oder zeigen ihnen, wie das Buch gefaltet wird. Die Kinder schneiden und knicken das Buch an den entsprechenden Markierungen. Anschließend ergänzen sie auf jeder Seite die fehlende Frucht. Als Bildvorlage dienen dabei die Dominokarten. Wer mag und noch Zeit hat, kann natürlich auch die Bäume noch ausmalen.

Abschluss
Vergleichen Sie abschließend die Ergebnisse gemeinsam im Plenum.

Einen besonderen Lernzuwachs ermöglichen Sie Ihrer Klasse, indem Sie gemeinsam nach draußen gehen und die umliegenden Laubbäume betrachten. Wer erkennt den Baum und weiß, wie er heißt?

Laubbäume und ihre Früchte (1/2)

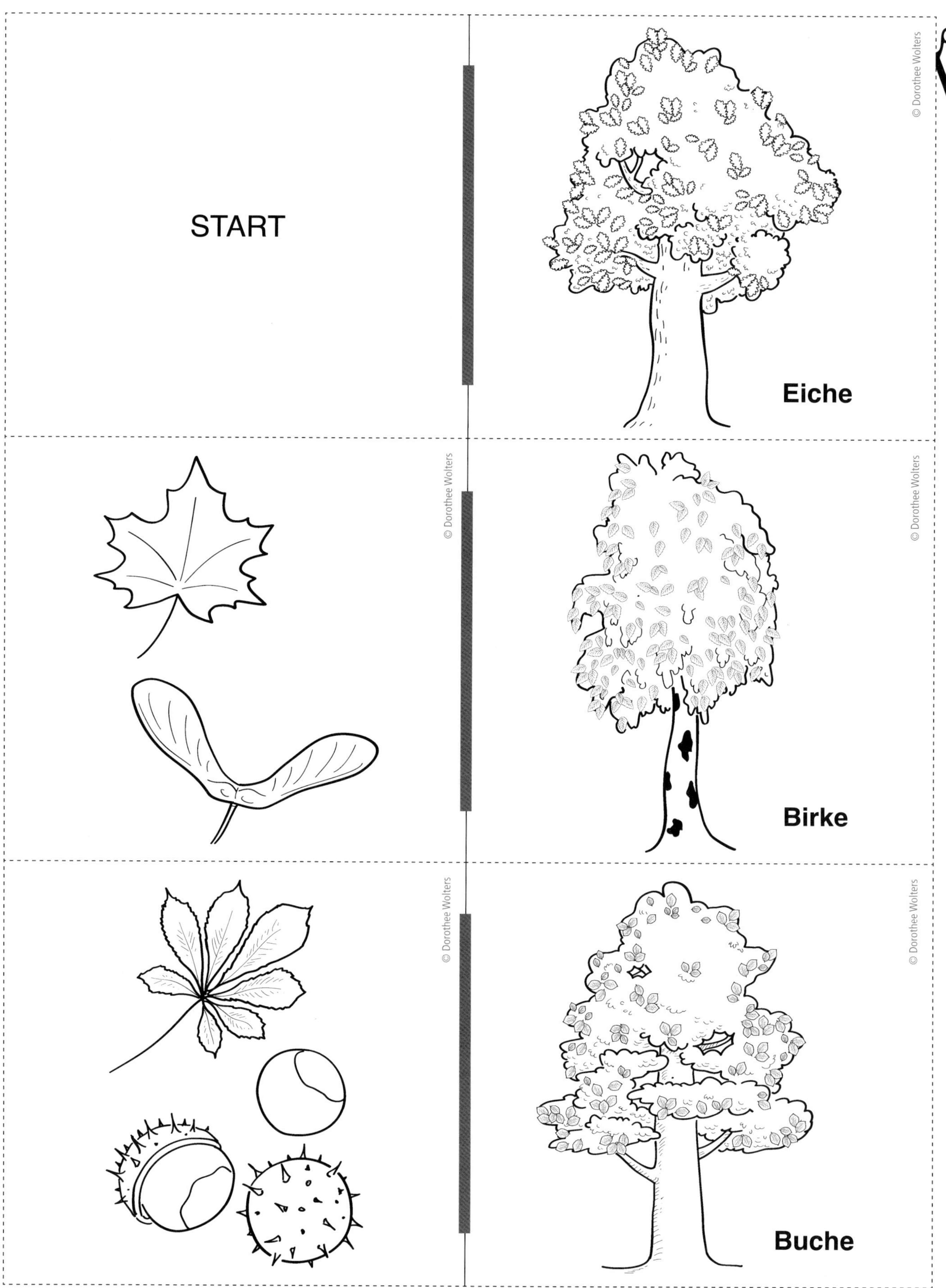

Laubbäume und ihre Früchte (2/2)

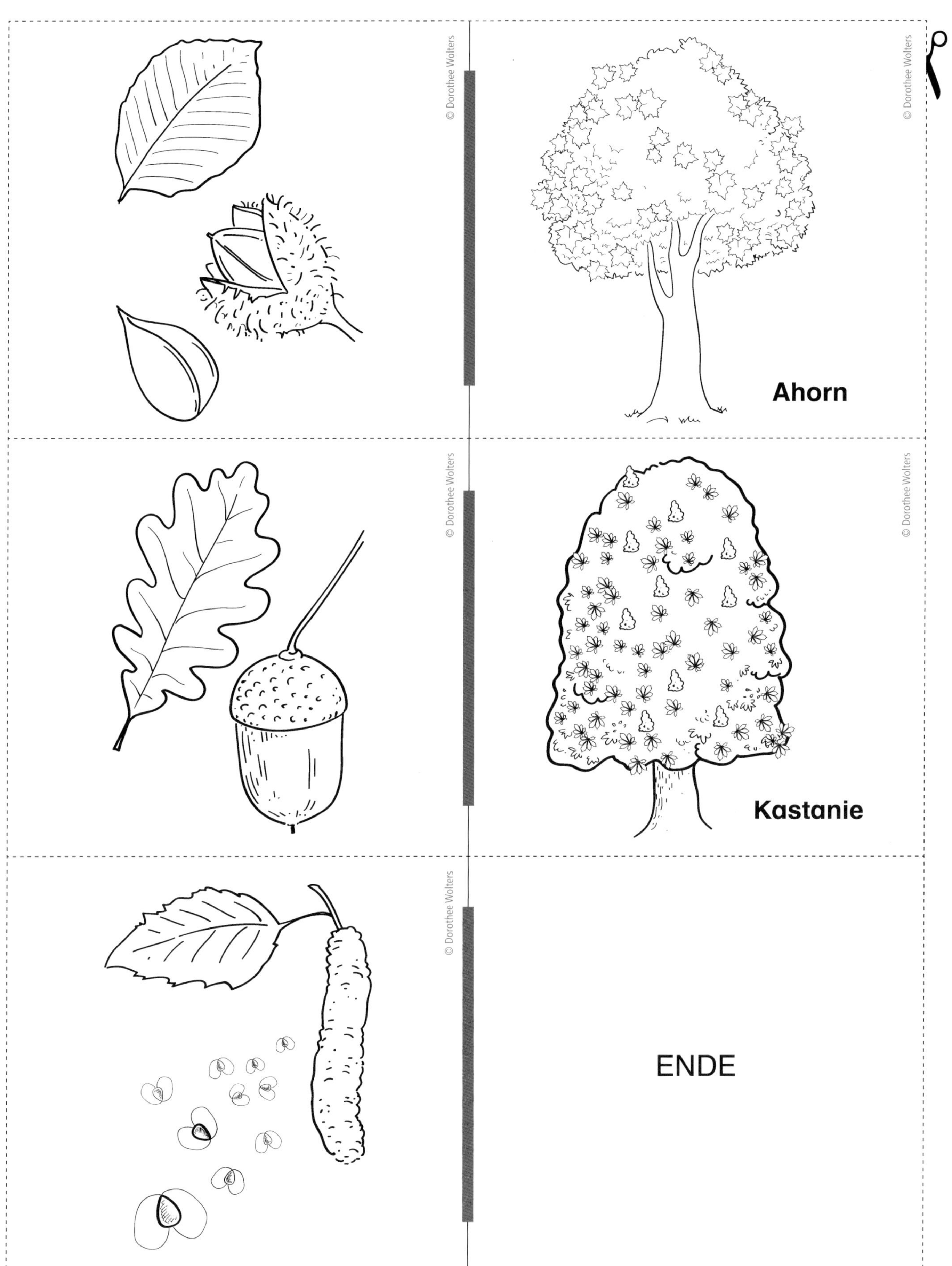

Mein Baum-Minibuch (1/2)

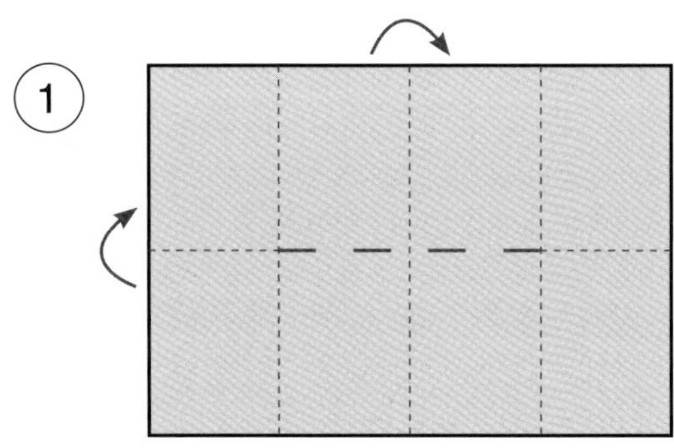

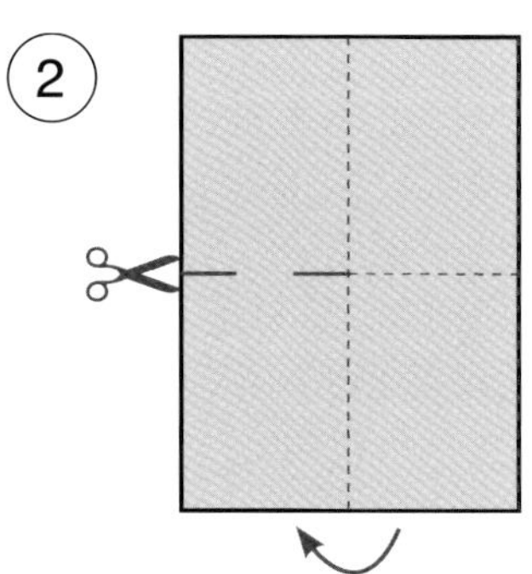

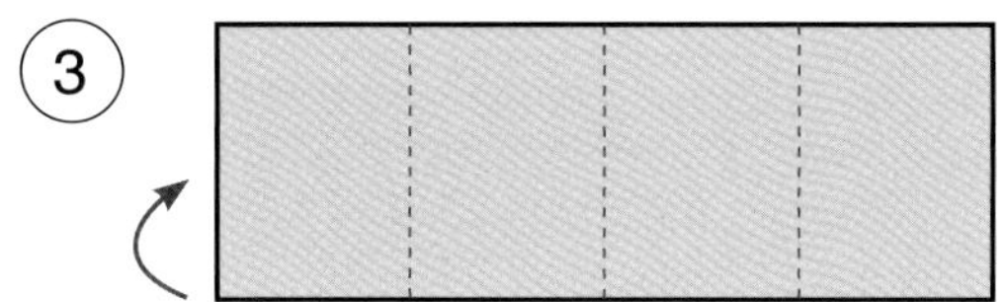

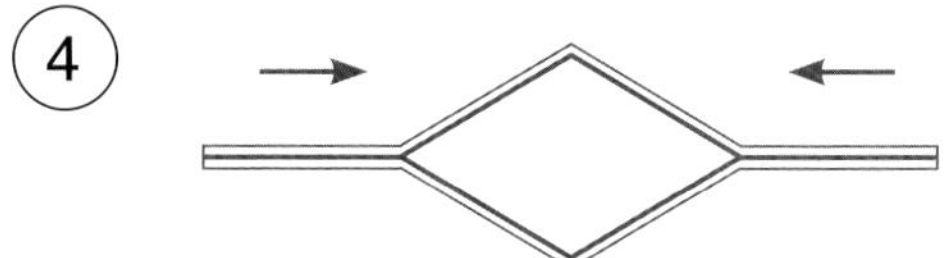

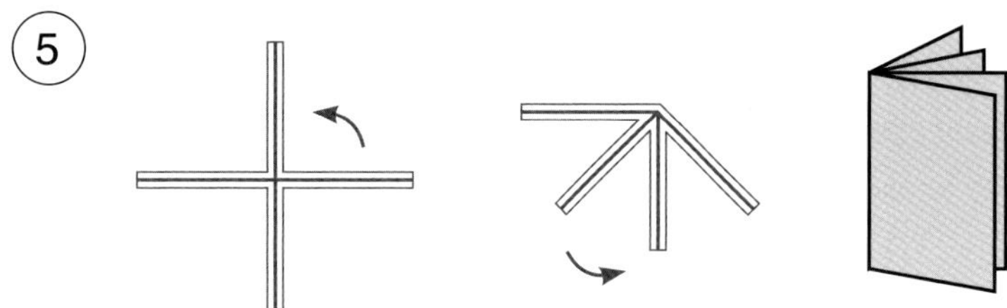

1. **Falte die Vorlage an allen angegebenen Faltlinien.**
2. **Falte das Blatt auf die Hälfte zusammen und schneide die Schneidelinie ein.**
3. **Falte es wieder auseinander und anschließend der Länge nach wieder zusammen.**
4. **Schaue dir das Buch von oben an. Fasse es rechts und links an den geschlossenen Seiten an und schiebe es zusammen.**
5. **Das entstandene Kreuz kannst du nun zu einem Buch zusammenklappen.**

Mein Baum-Minibuch (2/2)

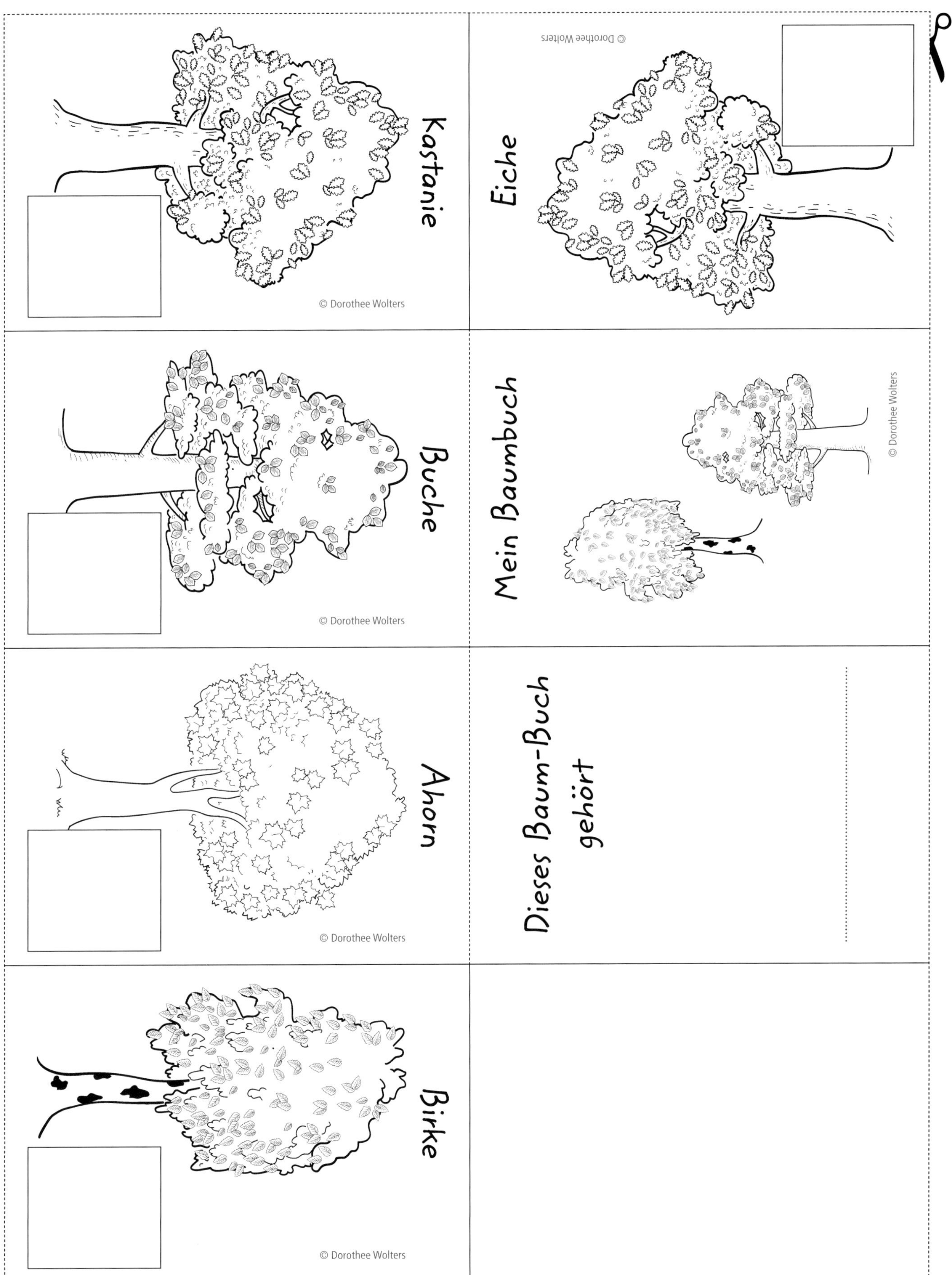

24. Nadelbäume

Darum geht's

Nadelbäume schmücken zur Weihnachtszeit fast jedes deutsche Wohnzimmer. Doch Nadelbaum ist nicht gleich Nadelbaum. Dies erfahren die Kinder in der folgenden Stunde, wenn sie mithilfe einer Fantasiereise und einem anschließenden Galeriegang vier ausgewählte Nadelbäume kennenlernen. Den Abschluss bildet die Bearbeitung eines Arbeitsblattes, auf dem die Kinder die Nadelbäume klassifizieren und die zugehörigen Zapfen zuordnen.

Kompetenzerwartungen

Die Kinder …
- kennen ausgewählte Nadelbäume und die zugehörigen Zapfen.
- können Nadelbäume und deren Zapfen unterscheiden.

Materialliste

- Bildvorlagen „Nadelbäume" (S. 94/95)

Für jede*n Leser*in:
- Lesetext „Tanne, Fichte und Co." (S. 96)

Für jedes Kind:
- Arbeitsblatt „Tanne, Fichte und Co." (S. 97)

Das bereiten Sie vor

Kopieren Sie die Bildvorlagen „Nadelbäume".
Fertigen Sie bitte außerdem für jedes Kind je eine Kopie des Arbeitsblattes an. Die Leser*innen bekommen je eine zusätzliche Kopie des Lesetextes.

Stundenverlauf

Einstieg
Bitten Sie die Kinder, es sich auf ihren Plätzen so bequem wie möglich zu machen. Wer möchte, verschränkt seine Arme auf dem Tisch und bettet seinen Kopf darauf. Sofern die Kinder mit Fantasiereisen noch nicht vertraut sein sollten, klären Sie bitte vorab die Rahmenbedingungen, wie: nicht sprechen, sich so leise wie möglich verhalten, die anderen nicht stören, Impulse und Fragen lediglich im Geiste ausführen bzw. beantworten usw.

Lesen Sie den Kindern anschließend die folgende Fantasiereise vor. Achten Sie dabei bitte auf ausreichend lange Pausen zwischen den einzelnen Impulsen, sodass die Schüler*innen entsprechende Bilder vor ihrem geistigen Auge erzeugen können.

Mein Ausflug

Wir wollen jetzt gemeinsam eine Reise unternehmen. Schließe deine Augen. Atme mehrmals tief ein und aus. Entspanne dich.

Stell dir vor, du wärst nun in einem tollen Wald. Atme die Luft ein. Riecht sie nicht herrlich frisch?

Schau dich in dem Wald einmal in Ruhe um. Gehe ein paar Schritte, bis du vor einem großen Baum stehst.

Schau dir seine Rinde einmal genauer an. Wenn du magst, kannst du sie auch berühren.

Pass nur gut auf, der Baum bildet eine klebrige Substanz. Sie heißt Baumharz. Das Harz ist in der Rinde. Damit heilt der Baum sich selbst, wenn seine Rinde beschädigt wird. Es ist ein bisschen so, wie wenn du hinfällst und blutest. Faszinierend, oder?

24. Nadelbäume

Nimm vorsichtig einen Ast in die Hand. Schau einmal, hier wachsen lauter kleine, grüne Nadeln dran. Wie fühlen sich die Nadeln an?

Schau einmal genauer hin. An dem Ast wächst noch etwas sehr Interessantes. Es ist ein Zapfen. Darin bewahrt der Baum seine Samen auf. Wenn du magst, kannst du ihn auch anfassen.

Betrachte deinen Baum noch einen Augenblick lang, bevor du dich von ihm verabschiedest und langsam wieder deine Augen öffnest. Atme noch einmal tief ein und aus. Willkommen zurück!

Arbeitsphase
Legen Sie nun alle Bildvorlagen gut sichtbar auf einem Tisch aus. Betrachten Sie diese Ausstellung gemeinsam mit den Kindern. Geben Sie zunächst jedem Kind die Gelegenheit, den Baum zu zeigen, den es während der Fantasiereise wahrgenommen hat, bevor Sie die folgenden Impulse nutzen:

- *Wie heißen die Bäume?*
- *Wie sehen sie aus?*
- *Hast du schon einmal einen Nadelbaum gesehen? (z. B. als Weihnachtsbaum)*
- *Worin unterscheiden sich die Bäume im Aussehen?*
- *Schau dir einmal die verschiedenen Zapfen an. Weißt du noch, wofür sie da sind?*

Als zusätzliche Hilfe finden Sie auf dieser Seite noch einmal die Namen der Bäume inkl. der passenden Bilder.

Abschluss
Sobald die Kinder wieder ihre Plätze eingenommen haben, erhalten sie den Lesetext und das Arbeitsblatt. Die Nicht-Leser*innen bekommen nur das Arbeitsblatt, den Text lesen Sie ihnen bitte vor.
Anschließend tragen die Kinder die Baumnamen in das vorgesehene Feld ein und verbinden die Zapfen mit dem zugehörigen Baum.

Vergleichen Sie zum Schluss die Ergebnisse im Plenum.

Besonders schön ist es, wenn die Kinder im Anschluss die Gelegenheit erhalten, einen Nadelbaum einmal ganzheitlich aus der Nähe kennenzulernen. Bei einem gemeinsamen Waldspaziergang können Sie außerdem verschiedene Zapfen sammeln und diese einmal genauer erkunden.

Tanne

Fichte

Lärche

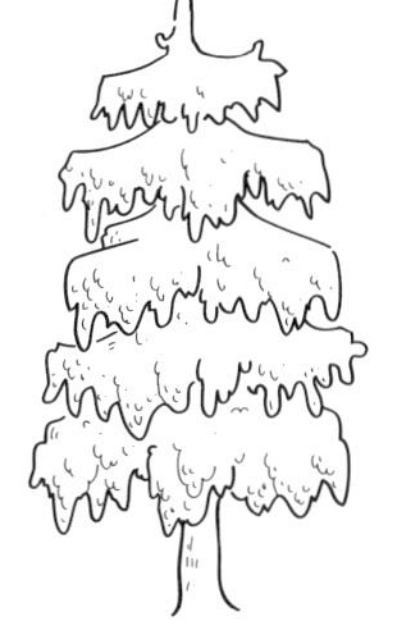

Kiefer

Nadelbäume (1/2)

Nadelbäume (2/2)

Tanne, Fichte und Co. (1/2)

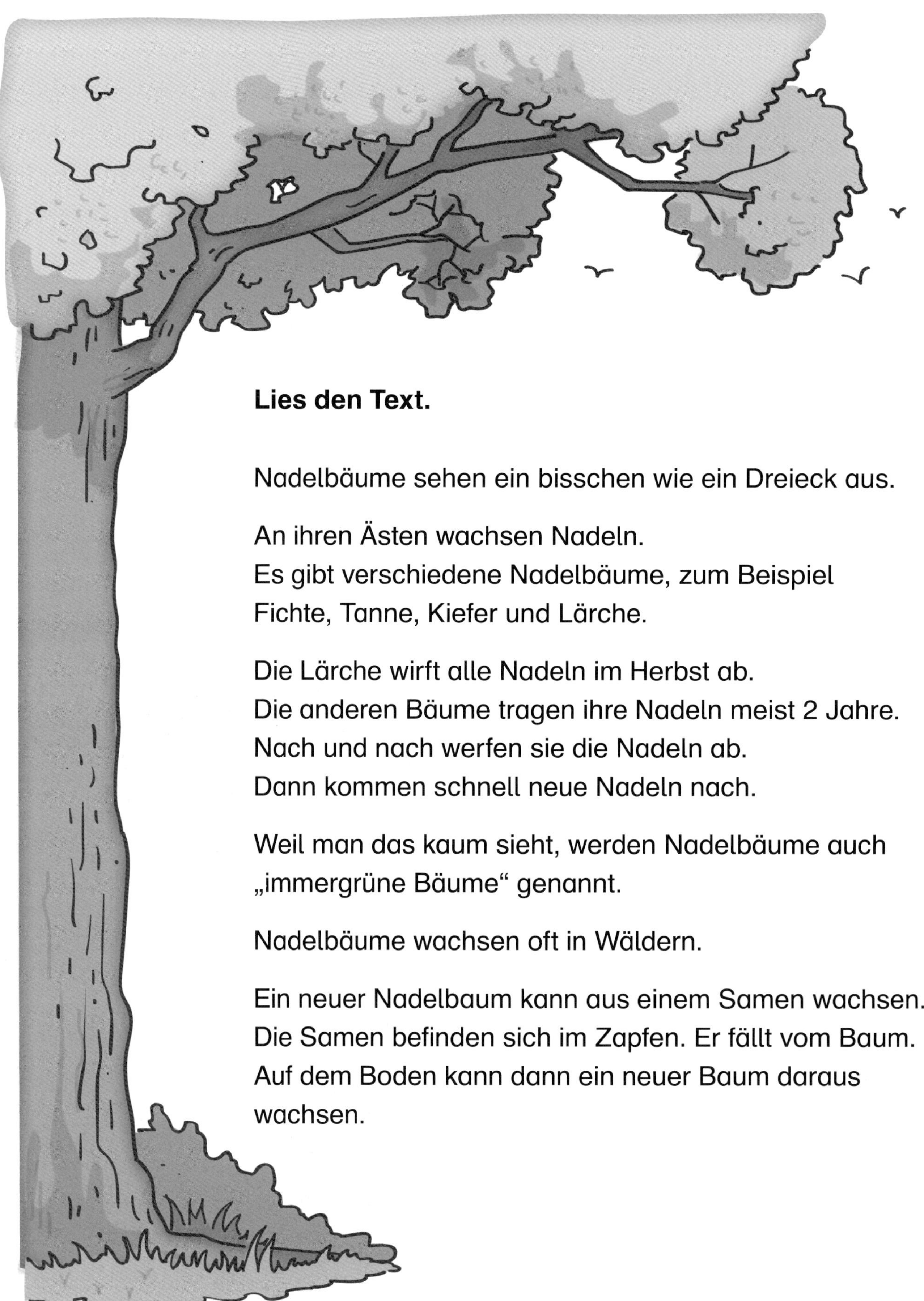

Lies den Text.

Nadelbäume sehen ein bisschen wie ein Dreieck aus.

An ihren Ästen wachsen Nadeln.
Es gibt verschiedene Nadelbäume, zum Beispiel Fichte, Tanne, Kiefer und Lärche.

Die Lärche wirft alle Nadeln im Herbst ab.
Die anderen Bäume tragen ihre Nadeln meist 2 Jahre.
Nach und nach werfen sie die Nadeln ab.
Dann kommen schnell neue Nadeln nach.

Weil man das kaum sieht, werden Nadelbäume auch „immergrüne Bäume" genannt.

Nadelbäume wachsen oft in Wäldern.

Ein neuer Nadelbaum kann aus einem Samen wachsen.
Die Samen befinden sich im Zapfen. Er fällt vom Baum.
Auf dem Boden kann dann ein neuer Baum daraus wachsen.

Tanne, Fichte und Co. (2/2)

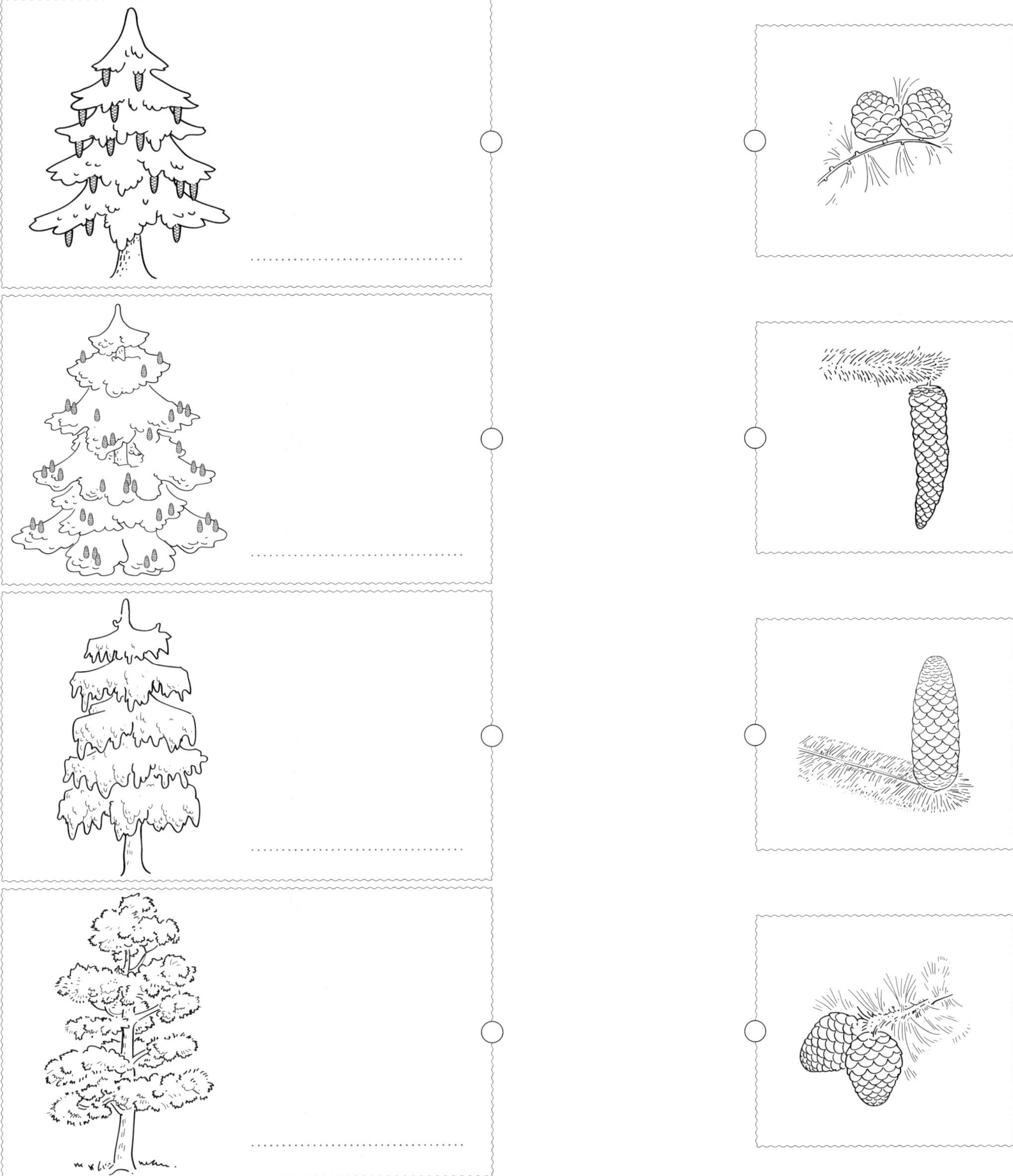

1. **Wie heißen die Bäume?**
   Schreibe den richtigen Namen ins Kästchen.

2. **Welcher Zapfen gehört zu welchem Baum?**
   Verbinde.

25. Heimische Obstbäume

Darum geht's

In dieser Stunde lernen die Kinder heimische Obstbäume und deren Früchte kennen. Zum Einstieg dürfen sie diese Früchte auch probieren. Über das Aussehen der Bäume informieren die mitgelieferten Bildvorlagen und für die Festigung sorgt ein Bingo-Spiel.

Kompetenzerwartungen

Die Kinder …

- kennen heimische Obstbäume.
- können die Früchte zuordnen.
- wissen, wie die Früchte schmecken.

Materialliste

- Bildvorlagen „Obstbäume" (S. 108–112) Achtung, diese **farbigen Bildvorlagen** finden Sie hinten in diesem Buch!
- Kopiervorlage „Mein Obstbaum-Bingo" (S. 100)
- Schere für jedes Kind

Für jede 4er-Gruppe:

- Schneidebrett
- Messer
- Apfel
- Birne
- Kirschen (eine Handvoll)
- Pflaumen (eine Handvoll)
- evtl. Quitten-Kompott
- große Schale

Kirschen und Pflaumen sind Saisonware. Sie können hier auch auf eingewecktes Obst zurückgreifen. Quitten sollten nicht roh gegessen werden. Stattdessen können Sie Kompott verwenden.

Das bereiten Sie vor

Besorgen Sie im Vorfeld das Obst. Waschen Sie es und stellen Sie es für jede Gruppe in einer Schale bereit. Kopieren Sie ggf. die Bildvorlagen (zu finden hinten in diesem Buch auf S. 108–112). Kopieren Sie die Bingo-Vorlage für jedes Kind.

Stundenverlauf

Einstieg

Teilen Sie die Kinder in 4er-Gruppen ein. Sitzen die Kinder bereits an Gruppentischen, kann die Einteilung natürlich beibehalten werden. Jede Gruppe erhält nun das vorbereitete Obst und schneidet die Äpfel und Birnen klein. Sofern Ihre Klasse im Umgang mit Schneidbrett und Messer noch nicht versiert sein sollte, können Sie diesen Schritt auch im Vorfeld selbst übernehmen. Durch das Hinzugeben von Zitronensaft sieht auch aufgeschnittenes Obst noch länger appetitlich aus.
Sobald alle Gruppen so weit sind, benennen Sie zunächst die Obstsorten gemeinsam im Plenum, bevor die Kinder das Obst probieren dürfen. Wie schmeckt es?

Arbeitsphase

Nachdem die Kinder das Obst probiert haben, kommen alle im Sitzkreis zusammen. Zeigen Sie ihnen die Bildvorlagen und betrachten Sie diese gemeinsam:

- *Was wächst an diesem Baum?*
- *Wie heißt der Baum?*
- *Wie sehen seine Blätter aus?*
- *Hast du so einen Baum schon einmal gesehen?*

25. Heimische Obstbäume

Abschluss
Zum Schluss erhält jedes Kind die Bingo-Vorlage und Sie spielen gemeinsam in der Klasse Bingo.

Besprechen Sie hierzu einmal vorab mit den Kindern, was auf den Bildern zu sehen ist (1. Reihe von links nach rechts: Quitte am Baum, Kirschen am Baum, aufgeschnittener Apfel, Äpfel am Baum; 2. Reihe von links nach rechts: Kirschen mit Herzstiel, Pflaumenmus, Birnbaum, Pflaumen am Baum; 3. Reihe von links nach rechts: Birnen am Baum, Apfelbaumblüte, Apfelmus, Kirschmarmelade).

Spielanleitung:
Sie als Lehrkraft oder ein Kind aus der Klasse übernehmen die Spielleitung und erhalten dafür ebenfalls eine Bingo-Vorlage. Die Kinder schneiden alle Bilder aus, wählen neun hiervon aus und legen sie in beliebiger Ordnung auf ihr Bingofeld. Die Spielleitung schneidet alle Bilder aus und legt sie umgedreht vor sich. Dann dreht die Spielleitung eines der Bilder um und sagt, was hierauf zu sehen ist (z. B. „Birnbaum" oder „Kirsche"). Alle mitspielenden Kinder schauen auf ihrem Feld nach, ob sie die passende Abbildung dort hingelegt haben. Falls ja, dürfen sie das Bild umdrehen. Wer zuerst eine Reihe waagerecht, senkrecht oder diagonal umgedreht hat, ruft „Bingo!". Die Spielleitung kontrolliert das Ganze und eine neue Runde kann beginnen.

Schön ist es, wenn Sie zur Festigung gemeinsam mit den Kindern eine Wandzeitung zu den Obstbaumarten gestalten.

Mein Obstbaum-Bingo

1. **Schneide die Bilder aus.**
2. **Wähle 9 Bilder aus. Lege sie in das Bingofeld.**
3. **Spielt Bingo.**

© Verlag an der Ruhr | Autorin: Aline Kurt | ISBN 978-3-8346-4276-9 | www.verlagruhr.de

Farbige Bildvorlagen

So viele Zeichen (1/2)

© Verlag an der Ruhr | Autorin: Aline Kurt | ISBN 978-3-8346-4276-9 | www.verlagruhr.de

So viele Zeichen (2/2)

Jahreszeiten
Frühling und Sommer (1/2)

Jahreszeiten
Herbst und Winter (2/2)

Wellensittiche

Wurzel, Stamm und Krone

Obstbäume (1/5)

Pflaumenbaum

Obstbäume (2/5)

Birnbaum

Obstbäume (3/5)

Apfelbaum

Obstbäume (4/5)

Kirschbaum

Obstbäume (5/5)

Quittenbaum